投入产出序列表的构建与应用

郑海涛　任珍慧　申通远　等著

中国金融出版社

责任编辑：李　融　董　飞
责任校对：孙　蕊
责任印制：丁淮宾

图书在版编目（CIP）数据

投入产出序列表的构建与应用／郑海涛等著．-- 北京：中国金融出版社，2025. 3. -- ISBN 978-7-5220-2705-0

Ⅰ. F223

中国国家版本馆 CIP 数据核字第 20258M7K76 号

投入产出序列表的构建与应用
TOURU CHANCHU XULIEBIAO DE GOUJIAN YU YINGYONG

出版发行　中国金融出版社
社址　北京市丰台区益泽路 2 号
市场开发部　（010）66024766，63805472，63439533（传真）
网 上 书 店　www. cfph. cn
（010）66024766，63372837（传真）
读者服务部　（010）66070833，62568380
邮编　100071
经销　新华书店
印刷　北京七彩京通数码快印有限公司
尺寸　169 毫米×239 毫米
印张　13. 5
字数　160 千
版次　2025 年 3 月第 1 版
印次　2025 年 3 月第 1 次印刷
定价　72. 00 元
ISBN 978-7-5220-2705-0

序　言

投入产出表一直以来都是反映国民经济活动来源和去向的重要工具，在经济分析、政策制定及宏观调控中发挥着不可替代的作用。然而，在实际应用中，投入产出表的编制也面临一些难题，最为突出的便是其编制过程的高成本和时滞性。一方面，投入产出表的时间序列跨度较大，导致其在动态经济分析中的及时性不足；另一方面，投入产出表的更新往往滞后于财政年度，这使得其在宏观经济预测与决策中的应用受到限制。因此，如何提高投入产出表的编制效率，减少其时滞性，成为学术界和实际操作中长期关注的核心问题。投入产出表的更新技术，特别是内插方法和外推方法，已成为统计学和经济学研究的重要领域。从1962年的RAS方法，到21世纪以后的优化法，投入产出表的预测与更新方法在理论和实践上都有了显著的进展。

任若恩教授研究团队最早于2002年参与亚洲生产率和国际竞争力国际比较项目，即ICPA项目(International Comparison of Productivity among Asian Countries)，开始参与我国投入产出序列表的构建工作，编制1980—2000年33×33行业的使用表序列表。此后，研究团队又先后参与了国家自然科学基金重点项目“中国宏观经济中期发展建模、预测方法与应用研究”、国家自然科学基金重大国际合作计划“中国，欧盟国家和美国生产率国际比较与中国IGEM模型研究”，编制了1980—2005年投入产出表，并利用该数据开展中国宏观经济建模研究、中国与发达国家的生产率比较研究等。

自2012年以来，团队成员参与了王惠文教授主持的国家自然科学基金重点项目“经济管理领域中的高维复杂数据分析理论与应用”，参与研究带约束条件的结构数据表预测难题，与王教授团队合作，提出了对称型投入产出表矩阵的解约束技术及矩阵反转换技术，并将成果应用到中国投入产出表的预测当中，构建了中国1992—2020年42部门的投入产出序列表（现价和不变价表），得到了国内外同行的广泛认可。

本书的内容主要集中于中国投入产出表的更新与预测，详细探讨了现有投入产出表更新的技术方法。本书共分为六章，整体内容可划分为三个部分。第一部分由第1章和第2章组成，主要介绍投入产出表的基础知识，包括投入产出表的基本概念、序列表的更新与预测方法，以及相关研究的现状和方法的改进与发展。第二部分由第3章和第4章构成，重点介绍投入产出表年度序列表与季度序列表的构建技术。第3章详细探讨了如何运用矩阵转换技术进行年度序列表的更新与预测，并引入层次时间序列预测方法，以进一步丰富序列表的预测内容。第4章采用T-EURO方法，对中国1992—2025年的季度投入产出序列表进行了更新与预测。第三部分包含第5章和第6章，重点应用第二部分中的序列表构建技术，并结合更新和预测结果进行实际应用分析。第5章运用季度序列表构建技术，分析了北京市的经济结构，构建了北京市的季度投入产出表。第6章引入复杂网络理论，基于年度投入产出序列表，分析了中国产业部门的结构特征。通过生产网络概念，考察了中国产业结构变化，并探讨了价格变化在生产网络中的传导机制，进一步测度了产业升级对宏观经济的影响。

本书的编写和出版得到很多单位和个人的关心和支持，在此表示衷心感谢！首先，感谢我的恩师任若恩教授，他带领我进入这个研究领域，并一直支持我开展这方面的研究。其次，感谢王惠文教授，带我参加她的国家自然科学基金重点项目，研究投入产出表的预测方法。再次，感谢我的研究团队成员申通远老师，以及李新双、方琦、祁鸣、陈铸、祝宇和、陈景心、马思汝和任珍慧等研究生和本科生，他们和我一起继续推动投入产出表在年度和季度上的预测及其相关的应用。最后，感谢中国投入产出学会对于我们持续开展相关研究给予的大力支持。我们感谢他们对本书的编写和出版所做的所有努力。

本书所包括的作者及其合作者的研究成果，曾在不同时期受到国家自然科学基金（项目编号：71873012和72033001）的资助，在此表示感谢！

我们感谢北京航空航天大学“十四五”教材建设规划项目和世界银行贷款中国经济改革促进与能力加强技术援助项目(TCC6-A40)

对本书出版的鼎力资助。

我们感谢中国金融出版社对本书出版的支持，感谢中国金融出版社李融主任、董飞编辑对本书提出的宝贵修改意见。

我们希望本书的出版能够为投入产出表更新与预测等相关领域的研究提供参考。在本书编写过程中，我们虽力求完善，但难免存在不足，欢迎读者批评指正。

郑海涛
2025 年 1 月

目　　录

1. 绪　论

1.1　研究背景

投入产出表是投入产出分析技术的核心。投入产出分析，既能进行国民经济各部门间的综合平衡分析，又能对未来进行预测，还能对经济结构、经济效益、经济政策、国际贸易、商品价格、创新与研发溢出效应等问题进行综合分析，同时被广泛应用于能源和环境分析等领域，有效地解决很多复杂的社会经济问题。总的来说，投入产出分析已成为公认的、科学的经济分析方法和常规的经济核算手段。19 世纪 30 年代，美国经济学家里昂惕夫首次提出了投入产出分析法，它主要用于研究经济活动中各部门间的相互依存关系。投入产出表可以反映一段时间内某一地区经济体内各部门间的投入产出经济联系，还可以反映各部门的消费、投资、进出口及价值增值的情况，总之，它是一个可以用来有效地分析区域经济体部门间联系的工具。

随着科学技术的进步，经济学的理论方法与分析技术在不断发展，人们对于投入产出理论的学习和理解也随之加深。与此同时，投入产出技术与经济学理论和方法也在不断融合、互为补充、共同发展，投入产出表的应用领域不断拓宽，为深入探究区域间经济关系提供了新方法和新思路。但是，到目前为止，投入产出表在应用上依然存在一些困难，其中最重要的就是投入产出表的时滞问题，即由于投入产出表的编制耗时耗力，需要大量时间和人工去搜集相关数据，从一个年度结束到该年度的投入产出表编成发布，一般存在2~3年甚至更长的时间滞差。中国国家统计局每隔五年才出版一套新的投入产出表基准表。而正是投入产出表编制的时滞问题导致需要假定产业间直接消耗系数较长时间保持不变，这与现实状况明显不符。以美国1947—1977年的投入产出表为例，该数据集包括了美国23个行业1947年、1958年、1963年、1967年、1972年和1977年的投入产出表，图1-1展示了美国部分行业的直接消耗系数的波动情况。从图1-1中可以看出，这些直接消耗系数逐渐下降。同样，Sonis和Hewings（1992）、Israilevich等（1997）的研究也揭

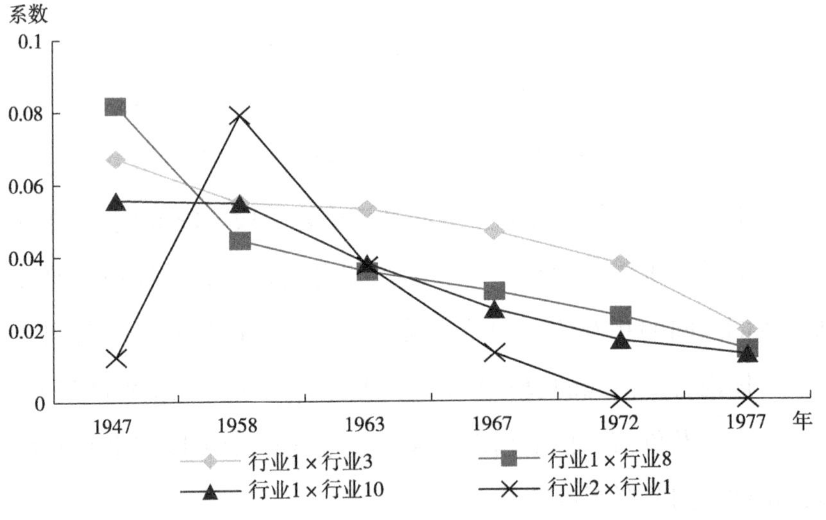

注：行业定义：1-农林牧渔业；2-金属采矿业；3-石油与天然气开采业；8-木制品与家具制造业；10-化学制品业。

图1-1　美国部分行业的直接消耗系数的波动

示了这种现象，特别是处在经济转轨时期的国家更明显表现出这种现象。因此，当编制未来年度的计划或进行分析时，技术进步、新工业出现等原因都将使得直接系数发生变化，原消耗表中的数据已不能反映现实情况。但是，在对未来的经济结构和产业关系进行分析和评估时，人们又必须在预测出未来年份的投入产出表的基础上进行产业结构分析，因此，正视直接消耗系数是存在变化的，并将这一变化规律融入对投入产出表的预测建模方法中是非常必要的。

1.2 文献基础

国内外学者已经充分认识到投入产出表（缩写为 IO 表）的时滞问题，并有相当多的学者开展了 IO 表的更新方法与数据更新研究，并在此基础上开展各种应用研究与投入产出分析。本文的核心是 IO 表序列表的更新与预测，并构建中国的 IO 表数据库。因此，本节主要综述 IO 表的更新方法与中国 IO 表序列表的更新与预测两个方面的国内外研究现状。在投入产出分析方面，中国学者的研究已经达到了国际领先水平，他们的研究为投入产出表数据库的建设提供了广泛的应用前景。

1.2.1 投入产出表的更新方法综述

投入产出表的编制方法分为调查法和非调查法。目前，已有多种非调查法用于更新投入产出表（He 和 Asada，1993；Pavia 等，2009；Wood，2011；Lindner 等，2012）。大多数方法都结合了统计学和优化技术。非调查方法主要包括系数不变方法（Naïve method）和 RAS 方法两大类（Khan，1993）。以下具体介绍这两类方法。

1. 系数不变方法

系数不变法被 Benjamin 和 Ahmadi - Esfahani（2000）分为两类：一类是最终需求法，另一类是增加值交易法。前者通过基年产业间比例关系来预测与最终需求相一致的未来总产出。后者假定基年和目标年的产业间交易值与增加值比例相同。其经济学假设前提是生产某商品的中间投入与该过程所使用的劳动力和资本保持固定比例。

2. RAS 方法

在各种非调查方法中，RAS 系列方法的应用最为广泛。RAS 方法及其拓展方法的主要思想是使预测期（各部门中间消耗未知）与基期（投入产出表已知）的直接消耗系数误差最小，建立目标函数，约束条件为预测期的总产出，各部门的中间总产出和中间总投入均已知。许多方法也同时使用了其他信息，如某些元素之和或某些元素的值已知（Günlük - Senesen 和 Bates，1988；Junius 和 Oosterhaven，2003）。

RAS 方法最初由 Deming 和 Stephan（1940）提出，用于推导数理统计领域的列联表。该方法由 Stone（1962）、Stone 和 Brown（1962）引入投入产出表领域后得到极大的发展。里昂惕夫（1941）提出系数表的变化可以分成两类，一类是倾向于表上的某行发生变动的，另一类是倾向于表上的某列发生变动的。Stone（1962）进而指出，消耗系数的变化主要是由于“替代效应”和“制造效应”的影响。在上述假设条件下，他们提出利用本期数据对前期消耗系数进行修正的 RAS 方法。

为了更新既有正值又有负值的投入产出表，Günlük - Senesen 和 Bates（1988）提出了一种修正的 RAS 方法，被称为 CRAS（Corrected RAS）。该方法一直未被推广，直至 Junius 和 Oosterhaven（2003）再次提出该方法，并将该方法命名为 GRAS（Generalized RAS），使得 RAS 方法仅成为 GRAS 方法的一种特例。Lenzen 等（2007）进一步更改了该方法的目标函数。Temurshoev 等（2013）放松了 GRAS 方法中要求各行各列至少有一个正值的假设，并对 GRAS 方法进行了注释。

Gilchrist 和 St Louis（1999）提出了两阶段 RAS（TRAS）方法。该方法除了能够满足行列和约束外，同时能够使用其他信息约束（比如，某些元素之和或某些元素的值已知），以提高更新的准确度。Gilchrist 和 St Louis（2004）对该方法进行了再次阐述与讨论。

由于 GRAS 方法和 TRAS 方法均不能处理不确定信息和数据来源冲突的问题，Lenzen 等（2006，2007，2009）开发了一种广义的迭代比例法 KRAS（Konfliktfreies RAS）。Wood（2011）用 KRAS 方法建立了澳大利亚的投入产出表时间序列。

Lenzen 等（2014）还提出了一种修正的 RAS 方法（A non - sign - preserving RAS variant），在不同的迭代之间，可以改变元素的符号，因此，能够满足现有的修正 RAS 方法无法满足的约束条件。

此外，Friedlander（1961）提出了标准化差值平方法（Normalized Squared Differences，NSD），Matuszewski 等（1964）提出了标准化绝对值之差的方法（Normalized Absolute Differences，NAD）。这两种方法均对较小系数的变动给予较大的惩罚，导致更新的矩阵的主要变化集中在较大的系数上。Almon（1968）提出了差值平方的方法（Squared Differences，SD），该方法类似于最小二乘法，其目标函数为最小化基年系数和目标年系数的差值平方和，但是不能线性化，只能通过非线性优化软件求解，所以不能保证求得全局最优解。Lecomber（1975）比较了 RAS、NSD、NAD 以及 SD 方法，认为 RAS 方法要优于其他方法。之后，Kuroda（1988）和 Wilcoxen（1989）提出基于加权二次目标函数的误差最小化的估计方法。该方法的原理是：在各部门产出结构比例不变的假设条件下，使预测期与基期的直接消耗系数误差最小，建立目标函数，并结合投入产出表矩阵的横纵向约束条件，构造拉格朗日函数，采用数学上求极值的拉格朗日乘数法求解预测期的中间投入。Harthoorn 和 van Dalen（1987）以及 Harthoorn（1988）也采用拉格朗日乘数法去调平投入产出表。20 世纪 90 年代以来，研究人员将信息理论中的交叉熵方法（Cross Entropy，CE）运用到投入产出表的更新中（Golan. etc.，1994）。Jackson 和 Murray（2004）拓展了 Lecomber（1975）的研究，比较了多种投入产出表更新方法的效果。同时，他们也提出了多种可选方法，如绝对值之差法（Absolute Differences，AD）、加权绝对值之差法（Weighted Absolute Differences，WAD）、加权差值平方法（Weighted Squared Differences，WSD）（Lahr，2001）、广义差值不变法（Global Change Constant，GCC）以及符号不变的绝对值之差法（Sign Preserving Squared Sifferences，SPSD），所有上述方法均为在一定的约束条件下，最小化目标投入产出表与基期投入产出表的距离。Lenzen 等（2012）提出了一种在不完全信息（Incomplete Data）下，构建投入产出表时间序列的周期法。

现有 IO 表的更新方法的简要汇总见表 1－1，除了第一种方法之外，其他方法都属于 RAS 类方法，其原理都是类似的。

表 1－1　现有 IO 表的更新方法汇总与比较（国际）

序号	IO 表更新方法	方法的提出者	在预测年的数据要求
1	系数不变方法（Naive method）	Benjamin and Ahmadi－Esfahani（2000）	直接消耗系数已知
2	RAS 方法	Deming and Stephan（1940），Stone（1962），Stone and Brown（1962），Bacharach（1970）	总产出、分行业的中间产出合计和分行业的中间投入合计已知
3	广义 RAS（GRAS）方法	Günlük－Senesen and Bates（1988），Junius and Oosterhaven（2003），Temurshoev et al.（2013）	
4	标准化差值平方法（NSD）	Friedlander（1961）	
5	标准化绝对值之差法（NAD）	Matuszewski et al.（1964）	

续表

序号	IO 表更新方法	方法的提出者	在预测年的数据要求
6	差值平方法（SD）	Almon（1968）	总产出、分行业的中间产出合计和分行业的中间投入合计已知
7	绝对值之差法（AD）	Jackson and Murray（2004）	
8	加权绝对值之差法（WAD）	Jackson and Murray（2004）	
9	加权差值平方法（WSD）	Jackson and Murray（2004），Lahr（2001b）	
10	广义差值不变法（GCC）	Jackson and Murray（2004）	
11	符号不变的绝对值之差法（SPSD）	Jackson and Murray（2004）	
12	Kuroda 方法（黑田方法）	Kuroda（1988），Wilcoxen（1989）	
13	交叉熵法（CE）	Golan，etc（1994）	
14	TRAS 方法	Gilchrist and St Louis（1999），Gilchrist and St Louis（2004）	除了上述信息之外，还已知某些行和、列和
15	KRAS 方法	Lenzen et al.（2006，2007，2009），Wood（2011）	
16	符号可变的修正 RAS 方法	Lenzen et al.（2014）	
17	构建投入产出表时间序列的周期法	Lenzen et al.（2012）	不完全信息数据

国内也有许多学者开展投入产出表的更新研究，大致可以分为以下几类。

第一，在对现有更新方法进行修正的基础上，提出了改进方法。这些修正都是从 RAS 类各种方法的内在不足出发，进一步提高矩阵更新的精度。比如，陈锡康、王戈丰和张启江（1988）提出了用偏差流量矩阵进行数据更新的偏差法，并对北京市1985年投入产出矩阵进行修正，取得了良好的效果。唐小我（1992）从矩阵逼近的角度提出一种改进算法，该算法给出了计算最优代替数和制造乘数的迭代公式。华中科技大学的王韬教授团队提出了多种矩阵更新的方法，王韬、马成和叶文奇（2011）将现有的六种矩阵更新技术纳入约束最优化的数学建模框架中，并统一进行了若干扩展，在约束条件存在冲突时通过引入误差精度调整项，以扩大其适用范围。王韬、马成、林聪（2012）综合随机CE与KRAS（Lenzen et al.，2007）方法的思想，扩展提出了SG-CE（stochastic generalized CE）与SG-RAS方法。王韬、马成、朱跃序（2013）提出了包括Jensen-Shannon Divergence（JSD）在内的若干基于对称距离优化的新方法，并统一进行保号、误差妥协等扩展。李斌、刘丽君（2002）在对RAS方法、二阶段RAS方法等进行了系统研究的基础上，提出了分块应用RAS方法。刘纪显、伊亨云（1996）确定了IO表中直接消耗系数变动对“全局”的影响程度因子，并把该因子作为直耗系数的权重，提出了RTALS方法及其数学模型。需要指出的是，上述这些方法本身并未加入更多的目标矩阵信息。范金、万兴、胡汉辉（2008）提出添加保零约束以保持初始表的零值结构，以此增加约束条件改进了九种更新方法，研究结果发现增加的信息极大地提高了各种更新方法计算结果的精度。这表明增加信息对于矩阵更新方法的改进是有相当大的好处的。

第二，提出了组合更新方法，即结合现有更新方法的优点，将其组合在一起使用，形成矩阵更新的组合方法。比如，胡兆光，谭显东（2008）提出了将修正RAS法与修正交叉熵法进行组合更新的方法，结果表明组合更新法比单独使用两种方法的精度都高。他们还在当年针对IO表第Ⅰ、第Ⅱ、第Ⅲ象限采用不同的更新方法进行外推，采用RAS法外推投入产出的第Ⅰ象限，提出按比例法外推第Ⅱ、第Ⅲ象限。

第三，综合应用多种更新方法，根据中国实际情况提出了有针对性的更新与预测方法。比如，李景华（2003）用 RAS 方法修订了投入产出表第Ⅲ象限的系数。李宝瑜、张靖（2012）重点研究了三个方面：第一，年度投入产出表与宏观数据统计之间的匹配问题；第二，中间年份投入产出表的扩展问题；第三，投入产出表的外推问题。

第四，编制了 RAS 方法的调平系统，以节省修正时间和提高修正精度。王思强、关忠良、田志勇（2009）建立了基于 Excel 表的 RAS 方法。王妍、张子野（2008）基于 Matlab 和 VB 软件，编制开发了方阵和非方阵情况下的 RAS 调平系统。

第五，研究比较更新方法优劣的评价指标。许健（2002）提出了评价系数修正可靠程度的标准，又在 2008 年指出更新误差的大小决定了方法的应用价值，利用 1992 年、1997 年、2002 年中国投入产出表及 1997 年、2002 年常规统计数据对实际应用中 RAS 法的真实误差进行了实证研究。

第六，以中国投入产出表为背景，评价各种更新方法的优劣，其目的之一就是指导中国 IO 表更新方法的选择。比如，马向前和任若恩（2004）运用 RAS 方法和 Kuroda 方法在 1992 年投入产出表的基础上推算了我国 1997 年投入产出表，指出在时间间隔较短的情况下，两种方法都可以用于外推，基于 Kuroda 方法的估计误差会小一些，采用 Kuroda 方法更新了 2000 年 IO 表延长表。王韬、马成、叶文奇（2011），王韬、马成、林聪（2012），王韬、马成、朱跃序（2013），范金、万兴、胡汉辉（2008）等都进行相关改进更新方法的评价研究，结果表明 RAS 方法均名列前茅，比绝大多数的候选方法调整效果要好、求解效率更高。

此外，吕盛鸽（2006）针对国民经济各部门之间具有链带关系的特征，利用因子模型推导出随机向量各分量间的近似线性结构式，在此基础上挖掘投入产出表中各部门流量数据线性结构关系，试图从投入产出内在关联性来预测投入产出表。但是，该方法的预测精度还需进一步提高。

RAS 方法虽然经过了充分的扩展，但是在数据方面依然需要已知目标年度的总产出、分行业的中间产出合计以及分行业的中间投入合计。而这些数据官方通常是不公布的，需要被估计出来。如果去估计这些数据，那么较小的估计误差可能对 IOT 表的扩展结果带来极大的误差（Hewings，1977）。

为了解决上述数据不足的问题，有些方法尽量利用官方公布的宏观经济统计数据来更新投入产出表。如 EURO 方法（Beutel，J.，2002），该方法是一种基于优化搜索算法的方法，EURO 方法已知目标年的分行业增加值和最终需求，在满足投入产出表内部一致性条件下更新目标年的投入产出表，使得到的分行业增加值和最终需求与实际值的误差小于 1%。该方法的最大问题在于有可能不收敛（Temurshoev 和 Timmer，2011）。近几年又有学者提出了新的 T－EURO 方法（Andre，2017），该方法实用性更强，对于相关数据的完整性要求更低。该方法需要年度的投入产出表以及季度的行业增加值和最终需求数据。首先，根据季度行业增加值比例得到不满足约束的季度投入产出表，然后利用里昂惕夫需求驱动模型调整得到满足内部约束但不满足跨期约束的季度投入产出表，按照新的季度比例分解年度投入产出表得到满足跨期约束但不满足内部约束的季度投入产出表。重复以上过程直至季度投入产出表在误差允许的范围内满足内部约束以及跨期约束。还有一些学者为了解决投入产出表的约束问题提出了矩阵变换预测法（MTT）（Wang et al.，2015）。

1.2.2 中国投入产出表序列表的编制、更新与预测综述

在SNA体系（国民经济账户体系）下，投入产出表包括对称型投入产出表（产品部门×产品部门表，产业部门×产业部门表，国际上称为IO表）、供给表和使用表（或者叫作投入表和产出表，国际上称为UV表）。张靖（2013）详细阐述了中国IO表编制的历史，1965年中国科学院数学研究所运筹室编制出我国第一张投入产出表——鞍钢企业投入产出表，1987年国务院办公厅印发《关于进行全国投入产出调查的通知》，并明确规定从1987年开始，逢尾数是2、7的年份编制投入产出基准表，逢尾数是0、5的年份编制投入产出延长表。到目前为止，中国已编制了6张基准表和5张延长表。除西藏之外，全国30个省（自治区、直辖市）均与国家同步编制了对称型投入产出表。李善同（2010）在《2002年中国地区投入产出表》的基础上，对2002年的地区投入产出表进行了更新和扩展，并进行了一些分析应用。何继票，邱琼（2011）提出了我国投入产出核算的改进路径。

除国家统计局和各地区统计局定期编制全国及各地区投入产出表外，我国的一些科研机构也在不断尝试编制其他类型的投入产出表（包括国家统计局与其他科研机构合作编制的投入产出表），如中国科学院陈锡康等人编制的农业投入产出表（1982，1984）、城乡经济投入产出表（1992），还有国家信息中心编制的1997年8个区域间投入产出表（8部门和17部门），张亚雄和齐舒畅（2012）主编的2002年和2007年中国8个区域间投入产出表（8部门和17部门），中国科学院地理科学与资源研究所与国家统计局合作编制的中国2007年、2010年30省区市区域间投入产出表（刘卫东，陈杰，唐志鹏，刘红光，韩丹等，2012；刘卫东，唐志鹏，陈杰，杨波，2015），国家统计局与日本国际协力机构（JICA）、

日本经济产业省合作编制的 2007 年中日区域间投入产出表等（王勇，2012）。

本书的研究主要集中于中国 IO 表基准表的更新与预测。中国科学院系统科学研究所陈锡康教授等编制了以 1990 年不变价格为基础的 1981 年和 1995 年中国国民经济投入产出表（史耀远，1999）。国家统计局与香港中文大学合作编制了可比价投入产出序列表，包括 1981 年、1983 年、1987 年、1990 年、1992 年和 1995 年 6 个年份的投入产出表。刘起运，彭志龙（2010）编制了可比价投入产出序列表（1992 年、1997 年、2002 年和 2005 年）。这些研究都建立了以不变价格为基础的 IO 表（产品部门 × 产品部门表），但是这些表都是离散的，不是连续的，它们是进行 IO 表更新的基础。为了得到连续的 IO 表序列表，山西财经大学李宝瑜教授团队编制了中国 8 ×8 个行业的 1992—2011 年投入产出核算矩阵，涵盖了供给表、使用表、对称 IO 表（产品部门 × 产品部门表，产业部门 × 产业部门表）等，IO 表时间序列表的编制为更新投入产出序列表建立了完备的体系。但是，该表仅包括了 8 个行业部门，且仅包括了现价数据。北京航空航天大学任若恩教授团队从 2002 年开始在国家自然科学基金支持下与国家统计局合作，从事投入产出表的更新与外推工作，建立了 33 ×33 个行业 1980—2005 年的使用表序列表（包括现价和不变价），相关研究成果见马向前（2004）、李晓琴（2010）以及任若恩、岳希明、郑海涛（2013）。之后，任若恩教授团队进一步与王惠文教授合作开展投入产出表的中期预测研究，研究带约束条件的结构数据表的预测问题（龙文，2007），该项研究为投入产出表使用表序列的更新提供了方法论支持。

荷兰 Groningen 大学 Timmer 教授团队在欧盟第七框架项目资助下，设立了世界投入产出表项目（即 WIOD 数据库），Timmer 教授团队将中国纳入 WIOD 数据库建设中，以公开、透明的方式建立了中国的 1995—2011 年 SUT 表和 IOT 表的现价表和不变价表（Erik Dietzenbacher etc.，2013）。Lenzen 等（2013）也建立了相应的多区域 IOT 表，即 Eora 跨区域投入产出数据库（Eora MRIO 数据库），这其中也包括了中国 1990—2013 年的时间序列表，但是该数据库只有现价表。Wu 和 Ito（2015）在东亚生产率项目支持下，构建了中国 1981—2010 年 IOT 表的现价表和不变价表（以下简称 CIP 数据库）。

2. 投入产出表的预测建模方法

2.1 投入产出表的基本结构和投入产出矩阵

投入产出表提供了一张棋盘式平衡表，可以详细而清晰地描述国民经济各种产品的来源和去向，并可用以分析经济关联和复杂影响，因此，投入产出表是国民经济核算体系的一部分。在投入产出表中，一国经济被划分为若干部门，各部门间的产品和服务流量表示各部门的技术关系，这种关系被称为投入产出关系，体现了各部门生产一定产出所需要的投入。根据其用途不同，投入产出表有产品×产品表、产品×产业表和产业×产品表等几种形式，其差别主要体现在分类标准上。产业部门和产品部门在国民经济核算中有详细的定义，简单地说，产业部门是混合部门（或称企业部门），产品部门又被称为纯部门。

2.1.1 A 表的基本结构

投入产出表的基本结构（即通常所说的 A 表，又称为产品×产品表），包括三个部分，即三个象限，如表 2－1 所示。第一象限表示的是各部门之间的中间投入与中间使用，第二象限表示各部门产品的最终使用情况，第三象限表示的是各个产品部门所消耗的最初投入的情况。在投入产出表中，第一象限是其最核心的部分，它反映了各个产品部门之间相互依存或相互制约的经济技术关系。

表 2 -1　投入产出表的基本结构（A 表）

<table>
<tr><td colspan="2" rowspan="4">产出
投入</td><td colspan="4">中间使用</td><td colspan="10">最终使用</td><td rowspan="4">进口</td><td rowspan="4">总产出</td></tr>
<tr><td rowspan="3">产品部门 1</td><td rowspan="3">…</td><td rowspan="3">产品部门 n</td><td rowspan="3">中间使用合计</td><td colspan="5">最终消费</td><td colspan="3">资本形成总额</td><td rowspan="3">出口</td><td rowspan="3">最终使用合计</td></tr>
<tr><td colspan="3">居民消费</td><td rowspan="2">政府消费</td><td rowspan="2">合计</td><td rowspan="2">固定资本形成额</td><td rowspan="2">存货增加</td><td rowspan="2">合计</td></tr>
<tr><td>农村居民消费</td><td>城镇居民消费</td><td>小计</td></tr>
<tr><td rowspan="2">中间投入</td><td>产品部门 1
⋮
产品部门 n</td><td colspan="4">第Ⅰ象限</td><td colspan="12">第Ⅱ象限</td></tr>
<tr><td>中间投入合计</td><td colspan="4"></td><td colspan="12"></td></tr>
<tr><td>增加值</td><td>劳动者报酬
生产税净额
固定资产折旧
营业盈余
增加值合计</td><td colspan="4">第Ⅲ象限</td><td colspan="12"></td></tr>
<tr><td colspan="2">总投入</td><td colspan="4"></td><td colspan="12"></td></tr>
</table>

表 2 -1 的第一部分（第Ⅰ象限）是由名称相同、排列次序相同、数目一致的 n 个产品部门纵横交叉而成的，其主栏为中间投入、宾栏为中间使用，它充分揭示了国民经济各产品部门之间相互依存、相互制约的技术经济联系，反映了国民经济各部门之间相互依赖、相互提供劳动对象供生产和消耗的过程。沿行方向看，反映产品部门 i 生产的货物或服务提供给产品部门 j 使用的价值量；沿列方向看，反映产品部门 j 在生产过程中消耗产品部门 i 生产的货物或服务的价值量。

第二部分（第Ⅱ象限）是第一部分在水平方向上的延伸，其主栏与第一部分的主栏相同，也是 n 个产品部门；其宾栏由最终消费、资本形成总额、出口等最终使用项组成。它反映各产品部门生产的货物或服务用于各种最终使用的价值量及其构成。

第三部分（第Ⅲ象限）是第一部分在垂直方向上的延伸，其主栏由劳动者报酬、生产税净额、固定资产折旧和营业盈余等增加值项组成；宾栏与第一部分的宾栏相同，也是 n 个产品部门。它反映各产品部门增加值的构成情况。

A 表的主栏和宾栏都是按照产品部门来划分的。由于投入产出表的设计是以“纯产品”部门为条件的，因此，A 表最符合投入产出建模所必需的同质性假定，故而在投入产出表的建模应用中使用最为广泛。目前，中国国家统计局正式发布的投入产出表基准表和延长表均为 A 表。

2.1.2 A 表中的平衡关系

由于在经济活动中，客观上在各个产品部门的投入与产出之间存在一定的平衡关系，所以在 A 表中的数据就必须满足以下平衡公式。

（1）纵向平衡式

第 j 产品部门中间投入合计+第 j 产品部门增加值合计=第 j 产品部门总投入　（2.1）

（2）横向平衡式

第 i 产品部门中间使用合计 + 第 i 产品部门最终使用合计 - 第 i 产品部门进口 = 第 i 产品部门总产出　（2.2）

若将第Ⅱ象限的“最终使用”与“进口”项合并，得到调整后的最终使用合计，则横向平衡式变成如下形式：

第 i 产品部门中间使用合计 + 第 i 产品部门调整后最终使用合计 = 第 i 产品部门总产出　（2.3）

（3）总量平衡式

① 总投入 = 总产出
② 中间投入合计 = 中间使用合计　（2.4）
③ 第 i 产品部门总投入 = 第 i 产品部门总产出

由此可以看出，当我们更新预测投入产出表时，通过建立预测模型得到的投入产出延长表，也必须满足这些经济平衡关系，换句话说，投入产出表的更新预测并不是其行业数据独立的时间序列预测，而是受约束的时间序列预测。表 2－1 中的数据可以看成是一个矩阵，但是该矩阵受到行和或者列和等关系式的约束。当使用时间序列预测模型来预测这些元素时，必须要解除这些约束（龙文，2007；王惠文，孟洁，2013）。

2.1.3 U 表的基本结构

U 表即产品×产业表，又称为使用表或投入表，通常也由三个部分组成，如表 2－2 所示。

表 2－2 投入产出表的基本结构（U 表）

<table>
<tr><td colspan="2" rowspan="4">产业部门
产品部门</td><td colspan="4">中间使用</td><td colspan="10">最终使用</td><td rowspan="4">总使用</td><td rowspan="4">（购买者价格）</td></tr>
<tr><td rowspan="3">产业部门1</td><td rowspan="3">…</td><td rowspan="3">产业部门 m</td><td rowspan="3">中间使用合计</td><td colspan="5">最终消费</td><td colspan="3">资本形成总额</td><td rowspan="3">出口</td><td rowspan="3">最终使用合计</td></tr>
<tr><td colspan="3">居民消费</td><td rowspan="2">政府消费</td><td rowspan="2">合计</td><td rowspan="2">固定资本形成总额</td><td rowspan="2">存货增加</td><td rowspan="2">合计</td></tr>
<tr><td>农村居民消费</td><td>城镇居民消费</td><td>小计</td></tr>
<tr><td rowspan="2">中间投入</td><td>产品部门1
⋮
产品部门 n</td><td colspan="4">第Ⅰ象限</td><td colspan="12">第Ⅱ象限</td></tr>
<tr><td>中间投入合计</td><td colspan="4"></td><td colspan="12"></td></tr>
<tr><td rowspan="2">增加值</td><td>劳动者报酬
生产税净额
固定资产折旧
营业盈余</td><td colspan="4">第Ⅲ象限</td><td colspan="12"></td></tr>
<tr><td>增加值合计</td><td colspan="4"></td><td colspan="12"></td></tr>
<tr><td colspan="2">总投入
（生产者价格）</td><td colspan="4"></td><td colspan="12"></td></tr>
</table>

第一部分（第Ⅰ象限）的主栏包括 n 个产品部门，宾栏包括 m 个产业部门。沿行方向看，表明各产品部门生产的货物或服务提供给各产业部门使用的价值量；沿列方向看，表明各产业部门从事生产活动所消耗各产品部门生产的货物或服务的价值量。

第二部分（第Ⅱ象限）是第一部分在水平方向上的延伸，其主栏与第一部分相同，也是 n 个产品部门；其宾栏由最终消费、资本形成总额、出口等最终使用项组成，它反映各产品部门生产的货物或服务用于最终使用的价值量及其构成。

第三部分（第Ⅲ象限）是第一部分在垂直方向上的延伸，其主栏由劳动者报酬、生产税净额、固定资产折旧和营业盈余等增加值项组成；而宾栏则与第一部分的宾栏一致，也是 m 个产业部门，它反映各产业部门增加值的构成情况。

对比表 2－1 和表 2－2 可以看出，U 表的结构与 A 表的结构是大体相同的，其主要区别在于部门的分类标准。A 表作为最终表，其主栏和宾栏均是产品部门，而 U 表是为了方便基层数据调查而设计的，其主栏采用的是产品部门，而宾栏采用的是产业部门。这些差异使得 A 表和 U 表在平衡关系上不尽相同。

2.1.4 U 表中的平衡关系

在 U 表中，纵向平衡式与横向平衡式的关系都依然成立，但是总量平衡式却出现了明显的变化。其中，约束①和约束②在 U 表中仍然成立，即

$$\begin{cases} ①\ \text{总投入} = \text{总产出} \\ ②\ \text{中间投入合计} = \text{中间使用合计} \end{cases} \tag{2.5}$$

但公式（2.4）中的约束③对于 U 表却并不适用，即产业部门的总投

入不一定等于产品部门的总产出。由此可见，U 表中的平衡关系式显然要比 A 表中的平衡关系式要少。

2.2 投入产出表的预测建模方法

为便于研究投入产出表的预测建模方法，龙文（2007）曾提出采用简化的矩阵表达方式对 A 表的核心内容进行概括。然后通过构建数学方程组，对 A 表中的经济平衡关系进行描述。为了在预测建模过程中能始终保持投入产出表平衡式是恒成立的，王惠文，龙文，冯皓云（2007）提出一种 A 表的变换与反变换方法。在此基础上，就可以结合曲线分类与自动化建模技术，给出一种快速有效的投入产出表预测建模方法。而为了加强 A 表变换在经济意义上的可解释性，同时也为了便于运算操作，我们又采用了矩阵变换预测法（Matrix Transformation Technique，简称为 MTT）。作为大规模曲线预测建模技术的示范，本节将在介绍经典的 RAS 数据扩展法和 T－EURO 数据拓展法后，具体给出 MTT 法的预测建模过程。

2.2.1 A 表的简化矩阵

为了采用数学方法研究投入产出表的预测问题，这里首先用矩阵形式对投入产出表 A 表进行简要的数学表述。

对于 n 个产品部门的投入产出表（见表 2－1），去掉表中各合计项（如中间投入合计、居民消费小计等）后，可以用矩阵表示，如图 2－1 所示。

其中，第Ⅰ象限的 $x_{ij}(i = 1,\cdots,n;j = 1,\cdots,n)$ 表示各部门间的中间投入与中间使用流量，第Ⅱ象限的 $c_{ij}(i = 1,\cdots,n;j = 1,\cdots,k)$ 表示各部

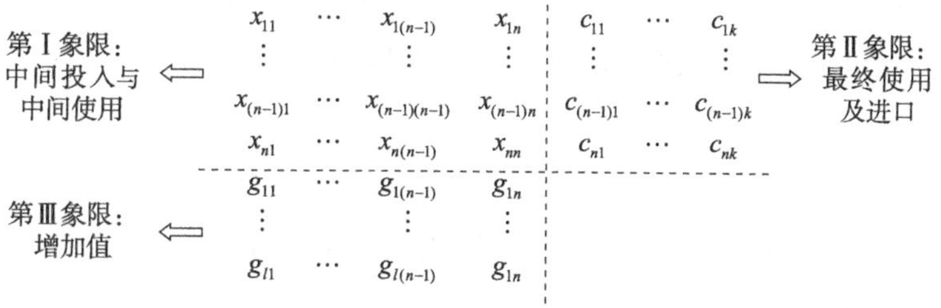

图 2－1　投入产出表的原始矩阵

门产品最终使用的流向以及进口情况，第Ⅲ象限的 $g_{ij}(i = 1,\cdots,l;\ j = 1,\cdots,n)$ 表示各部门所产生的增加值。

在进行投入产出表 A 表的序列预测中，主要就是对第一象限的预测。因为第Ⅰ象限是投入产出表的核心，其主要反映国民经济各产业部门之间相互依存、相互制约的技术经济联系，也是研究者最为关注的部分。我们可以将投入产出表表示为矩阵的形式。为了方便起见，我们保持第Ⅰ象限不变，第Ⅱ象限用其行和转换为一列，表示最终使用合计，第Ⅲ象限用其列和转化为一行，表示增加值合计。于是，我们得到一个简化的 $(n+1)\times(n+1)$ 投入产出矩阵 X：

$$X=\begin{bmatrix} x_{11} & \cdots & x_{1n} & x_{1(n+1)} \\ \vdots & \ddots & \vdots & \vdots \\ x_{n1} & \cdots & x_{nn} & x_{n(n+1)} \\ x_{(n+1)1} & \cdots & x_{(n+1)n} & x_{(n+1)(n+1)} \end{bmatrix} \triangleq \begin{bmatrix} XI_{n\times n} & X_{\cdot(n+1)} \\ X_{(n+1)\cdot} & x_{(n+1)(n+1)} \end{bmatrix} \tag{2.6}$$

矩阵 XI 中的元素 $x_{ij}(i = 1,\cdots,n,j = 1,\cdots,n)$ 分别对应投入产出表第Ⅰ象限中的产品部门的中间投入或中间产出；$X_{\cdot(n+1)} = (x_{1(n+1)},\cdots x_{n(n+1)})'$ 对应投入产出表第Ⅱ象限中每个产品部门的最终使用合计；$X_{(n+1)\cdot} = (x_{(n+1)1},\cdots x_{(n+1)n})$ 对应投入产出表第Ⅲ象限中每个产品部门的增加值合计。在投入产出表中第Ⅳ象限是空缺的，为了方便后续研究，我们用一个常数将它补齐，在这里我们令这个常数等于所有产品部门的最终使用合计的总和也就等于所有产品部门的增加值合计的总和：

$$x_{(n+1)(n+1)} = \sum_{i=1}^{n} x_{i(n+1)} = \sum_{j=1}^{n} x_{(n+1)j} \tag{2.7}$$

当给定一系列的 IO 表后，利用公式（2.6）和公式（2.7）将其转化为简化的一系列 IO 表矩阵 $X^1, X^2, \cdots, X^T$。那么就形成了这样一个抽象化的数学问题：已知投入产出矩阵 $X^1, X^2, \cdots, X^T$，且满足相应的约束条件，估计并预测目标年份的投入产出矩阵 $\hat{X}^{T+1}, \cdots, \hat{X}^{T+L}(L \geqslant 1)$。

2.2.2 A 表的约束条件

根据投入产出表的性质，投入产出表（A 表）需要满足的经济平衡关系约束可以表示为：

$$\begin{cases} \sum_{j=1}^{n}\sum_{i=1}^{n+1} x_{ij} = \sum_{i=1}^{n}\sum_{j=1}^{n+1} x_{ij} \#(1) \\ \sum_{j=1}^{n}\sum_{i=1}^{n} x_{ij} = \sum_{j=1}^{n}\sum_{i=1}^{n} x_{ij} \#(2) \\ \sum_{i=1}^{n+1} x_{ij} = \sum_{j=1}^{n+1} x_{ij},\ i,j = 1,2,\cdots,n \#(3) \end{cases} \tag{2.8}$$

很显然，公式（2.8）中的约束（2）在数学上是恒成立的。

又由于

$$\sum_{j=1}^{n+1}\sum_{i=1}^{n+1} x_{ij} = \sum_{i=1}^{n+1}\sum_{j=1}^{n+1} x_{ij} \tag{2.9}$$

则根据公式（2.9）和公式（2.8）中的约束（1），可以得到

$$\sum_{i=1}^{n+1} x_{i(n+1)} = \sum_{j=1}^{n+1} x_{(n+1)j} \tag{2.10}$$

公式（2.10）还可以等价地写成

$$\sum_{i=1}^{n} x_{i(n+1)} = \sum_{j=1}^{n} x_{(n+1)j} \tag{2.11}$$

于是，公式（2.11）的经济含义为“各部门增加值合计 = 各部门调整后最终使用合计”。

将公式（2.10）与公式（2.8）中约束（3）放在一起，就可以得到约束方程组（2.8）的一种非常简单的表达形式，即

$$\sum_{i=1}^{n+1} x_{ik} = \sum_{j=1}^{n+1} x_{kj}, k = 1, \cdots, n+1 \tag{2.12}$$

综上所述，在矩阵 X 中，各元素之间的约束式为：对应的行和等于列和。

2.2.3 RAS 数据扩展法

RAS 方法是投入产出矩阵扩展方法中最为经典也是运用最为广泛的方法。在 RAS 方法的基础上，很多学者提出了改进的方法，包括广义 RAS 方法（GRAS）、两阶段 RAS 方法（TRAS）以及广义迭代 RAS 方法（KRAS）。这些方法都是对 RAS 基础方法进行改进，尽可能利用现有的投入产出相关数据信息，提高扩展和预测所得投入产出数据的精度。

基本模型

基础数据包括当期行业总投入、当期行业总产出、当期分行业最终需求以及当期分行业增加值、前一期的中间投入矩阵等。

用 $x_{ij}(i = 1,2,\cdots,n; j = 1,2,\cdots,n)$ 表示第 j 个产业部门生产投入中第 i 个产业部门最终产品的价值；$x_{i(n+1)}$ 即第 i 个产业部门的最终使用情况；$x_{(n+1)i}$ 表示第 i 个产业部门的增加值。

$$X = \begin{bmatrix} x_{11} & \cdots & x_{1n} & x_{1(n+1)} \\ \vdots & \ddots & \vdots & \vdots \\ x_{n1} & \cdots & x_{nn} & x_{n(n+1)} \\ x_{(n+1)1} & \cdots & x_{(n+1)n} & x_{(n+1)(n+1)} \end{bmatrix} = \begin{bmatrix} XI_{n\times n} & X_{\cdot(n+1)} \\ X_{(n+1)\cdot} & x_{(n+1)(n+1)} \end{bmatrix} \tag{2.13}$$

具体操作步骤如下：

假设在已知基准年份投入产出矩阵 X 的情况下，需要扩展下一年的投入产出矩阵 Y，其中，下一年的分行业最终需求 $Y_{\cdot(n+1)}$ 以及分行业增加值 $Y_{(n+1)\cdot}$ 已知，$y_{(n+1)(n+1)}$ 是分行业最终需求总和也是分行业增加值总和。此外，各行业的总产出值比较容易获取。根据这些值我们可以很轻松地推测出预测期的投入产出矩阵 $YI_{n\times n}$ 的行和以及列和。

$$Y=\begin{bmatrix} y_{11} & \cdots & y_{1n} & y_{1(n+1)} \\ \vdots & \ddots & \vdots & \vdots \\ y_{n1} & \cdots & y_{nn} & y_{n(n+1)} \\ y_{(n+1)1} & \cdots & y_{(n+1)n} & y_{(n+1)(n+1)} \end{bmatrix}=\begin{bmatrix} YI_{n\times n} & Y_{\cdot(n+1)} \\ Y_{(n+1)\cdot} & y_{(n+1)(n+1)} \end{bmatrix} \quad (2.14)$$

那么 RAS 方法可以概述为以下优化过程：

$$Min\sum_{ij} y_{ij}\log\left(\frac{y_{ij}}{x_{ij}}\right)$$

$$s.t.\begin{cases} \sum_j y_{ij} = u_i, for\ alli \\ \sum_i y_{ij} = v_i, for\ allj \\ y_{ij} \geqslant 0, for\ allij \end{cases} \quad (2.15)$$

设置收敛条件，优化的数值收敛后我们可以获取投入产出矩阵 $YI_{n\times n}$。

RAS 方法的优势及局限性

RAS 方法是当前投入产出扩展方法中应用范围最广的方法。RAS 这类方法的突出优势在于数学性质良好，能够很快收敛并且拥有唯一解。同时，RAS 操作简单，可靠程度较高，这些优势使得 RAS 方法被广泛运用在投入产出数据的非调查法扩展工作中。同时也有大量的方法论研究工作旨在增强 RAS 方法族对各类数据的扩展能力。

与此同时，RAS 方法的劣势也非常明显。首先是默认产业间中间投入的结构是不变的，这一点显然并不符合产业结构的特征。当国家处于不同的发展阶段时，不同产业在产业群中的地位会发生转移，从而带来产业结构的变换。很明显消耗系数矩阵会发生一定的改变。如果基准年份与目标年份的时间跨度太大，很明显这种方法将带来较大的误差。其次，RAS 方法需要的是基准投入产出矩阵的数据信息，相对来说对于数据的要求较高。无论是扩展季度投入产出表还是年度投入产出表，这种方法都需要前一期或者后一期的基准投入产出表，以及总产出信息、分行业增加值信息、最终需求信息。

2.2.4 T－EURO 数据拓展法

本小节将详细介绍 T－EURO 数据拓展法的算法过程。为方便后续计算，先进行以下定义：n 表示经济体中的部门数；f 表示除出口以外的最终需求所包含的项目数；$Z(n\times n)$ 为部门间的经济流动情况；$m(1\times n)$ 为进口数据行向量；$t(1\times n)$ 为税收行向量；$v(1\times n)$ 为价值增值行向量；$Y(n\times f)$ 为除出口外的最终需求矩阵；$e(n\times 1)$ 为出口数据列向量；τ 为适当维度的求和向量。

后续推导过程中，我们会统一使用形如 ${}^{S}Z_{ij}^{t,k}$ 的标识，该标识中各部分内容的含义如下：右上角的 t、k 指示时间维度（当 $t=0$ 时表示初始年度投入产出表，当 $t=1,2,\cdots$ 时表示年内各时期的投入产出表；$k=1,2,\cdots$ 表示计算过程中的迭代次数）；右下角的 ij 表示第 i 行第 j 列（若出现 $*$，则表示该维度求和）；左上角的标识中，S 表示份额比例，S^{C} 表示修正后的份额比例，E 表示外部数据，若为空则表示内生变量。

基本模型

每个时间段 t 所需的数据可记为 ${}^{E}v_{j}^{t}\mid j=1,\cdots,n$、${}^{E}Y_{*j}^{t}\mid j=1,\cdots,$

f、${}^{E}m^{t} = {}^{E}m^{t}_{1*}$、${}^{E}t^{t} = {}^{E}t^{t}_{1*}$ 和 ${}^{E}e^{t} = {}^{E}e^{t}_{*1}$，则完整的年度投入产出表可记为：

$$
{}^{E}IOT^{0} = \begin{bmatrix} {}^{E}Z^{0} & {}^{E}Y^{0} & {}^{E}e^{0} \\ {}^{E}m^{0} & 0 & 0 \\ {}^{E}t^{0} & 0 & 0 \\ {}^{E}v^{0} & 0 & 0 \end{bmatrix} \tag{2.16}
$$

此外，我们需要定义${}^{S}v_{j}^{t,k}$、${}^{S}y_{j}^{t,k}$、${}^{S}m^{t,k}$和${}^{S}e^{t,k}$分别作为各时期各部门价值增值、各部分最终需求（除出口）、总进口和总出口的比例份额数据。

简单起见，假设只考虑两个时期的分解过程。初始时（$k=1$），结合实际分行业季度 GDP 数据，根据以下公式，可以直接计算出各部分的“真实”比例份额：

$$
\begin{aligned}
{}^{S}V^{t,1} &= {}^{E}\hat{v}^{t} \times ({}^{E}\hat{v}^{0})^{-1}, \\
{}^{S}m^{t,1} &= {}^{E}m^{t} \times ({}^{E}m^{t}_{1*})^{-1}, \\
{}^{S}t^{t,1} &= {}^{E}t^{t} \times ({}^{E}t^{t}_{1*})^{-1}, \\
{}^{S}e^{t,1} &= {}^{E}e^{t} \times ({}^{E}e^{t}_{*1})^{-1}, \\
{}^{S}Y^{t,1} &= {}^{E}\hat{Y}^{t}_{*j} \times ({}^{E}\hat{Y}^{t}_{*j})^{-1}.
\end{aligned} \tag{2.17}
$$

公式（2.17）中，${}^{S}V^{t,k} = {}^{S}\hat{v}^{t,k}$ 和 ${}^{S}Y^{t,k} = {}^{S}\hat{y}^{t,k}$ 分别为 $n \times n$ 维和 $f \times f$ 维的对角矩阵。

第一步，我们需要用上式进行计算，得到各部门年内各时期的比例份额数据，再对年度投入产出表进行分解，由于唯一的外部数据是分行业的季度 GDP 数据，我们可以用价值增值的相关信息代表任何行业的变化调整，具体计算公式如下所示：

$$
\begin{aligned}
Z^{t,1} &= 0.5 \times [({}^{S}V^{t,1} \times {}^{E}Z^{0}) + ({}^{E}Z^{0} \times {}^{S}V^{t,1})],\\
m^{t,1} &= 0.5 \times [({}^{S}m^{t,1} \times {}^{E}m^{0}) + ({}^{E}m^{0} \times {}^{S}V^{t,1})],\\
t^{t,1} &= 0.5 \times [({}^{S}t^{t,1} \times {}^{E}t^{0}) + ({}^{E}t^{0} \times {}^{S}V^{t,1})],\\
Y^{t,1} &= 0.5 \times [({}^{S}V^{t,1} \times {}^{E}Y^{0}) + ({}^{E}Y^{0} \times {}^{S}Y^{t,1})],\\
e^{t,1} &= 0.5 \times [({}^{S}V^{t,1} \times {}^{E}e^{0}) + ({}^{E}e^{0} \times {}^{S}e^{t,1})],\\
v^{t,1} &= {}^{E}v^{0} \times {}^{S}V^{t,1}.
\end{aligned}
\tag{2.18}
$$

公式（2.18）中，份额比例矩阵的前乘保持了投入产出表的销售结构，份额比例矩阵的后乘保持了投入产出表的投入结构。然而，经过这一步分解得到的结果并不具有内部一致性，即：

$$(Z_{i*}^{t,1} + Y_{i*}^{t,1} + e_{i}^{t,1}) \neq (Z_{*j}^{t,1} + m_{1j}^{t,1} + t_{1j}^{t,1} + v_{1j}^{t,1}), \forall i = j \tag{2.19}$$

第二步，我们需要通过里昂惕夫模型将这个内部不一致的投入产出表转化为内部一致的投入产出表。假设新技术因素由这个不一致的表中的投入结构决定，则定义 $q^{t,1}(1 \times n)$ 作为总产出行向量的一个近似值：

$$q_{j}^{t,1} = (Z_{*j}^{t,1} + m_{1j}^{t,1} + t_{1j}^{t,1} + v_{1j}^{t,1}), \forall j = 1, \cdots, n \tag{2.20}$$

紧接着使用里昂惕夫需求驱动模型对 $q^{t,1}$ 进行更新调整，以得到内部一致投入产出表的计算基础：

$$x^{t,1} = (I - (Z^{t,1} \times (\hat{q}^{t,1})^{-1}))^{-1} \times ((Y^{t,1} \times \tau) + e^{t,1}) \tag{2.21}$$

然后，对投入产出表中的各部分使用数量模型进行计算：

$$
\begin{aligned}
Z^{t,1} &= Z^{t,1} \times (\hat{q}^{t,1})^{-1} \times \hat{x}^{t,1},\\
m^{t,1} &= m^{t,1} \times (\hat{q}^{t,1})^{-1} \times \hat{x}^{t,1},\\
t^{t,1} &= t^{t,1} \times (\hat{q}^{t,1})^{-1} \times \hat{x}^{t,1},\\
v^{t,1} &= v^{t,1} \times (\hat{q}^{t,1})^{-1} \times \hat{x}^{t,1}.
\end{aligned}
\tag{2.22}
$$

经过上述计算，得到内部一致的投入产出表 $OIT^{t,1}$：

$$OIT^{t,1}=\begin{bmatrix} Z^{t,1} & Y^{t,1} & e^{t,1} \\ m^{t,1} & 0 & 0 \\ t^{t,1} & 0 & 0 \\ v^{t,1} & 0 & 0 \end{bmatrix} \tag{2.23}$$

至此，在第一轮迭代过程中得到的各时间段 t 期的投入产出表都具有内部一致性，但是它们并不具有时间一致性。因此，我们还需要进行下一步调整。

第三步，我们需要进行时间维度的调整，以确保分解结果具有时间一致性。在这一步中，我们将年内表加总后求出各个年内表所占全年的比例，并以此比例为基准分解实际的年度投入产出表：

$$OIT^{t,1} = {}^{E}IOT^{0} \otimes (OIT^{t,1} \div \sum_{t=1}^{2} OIT^{t,1}) \tag{2.24}$$

经过此步骤的调整，得到的每一个新的年内表 $OIT^{t,1}$ 具有时间一致性，但却又不具有内部一致性。因此，需要再次重复上述第二步计算过程，才能得到既满足内部一致性，也满足时间一致性要求的投入产出年内表。

需要注意的一点是，在上述过程提到的时间一致性调整中，我们所谓的年内表加和与实际年度表相等，其实是对应的投入产出矩阵之间的相似度比较。对于投入产出矩阵相似度的计算，我们采用平均绝对百分比误差（MAPE）这一指标：

$$MAPE = \frac{1}{n^2}\sum_{i=1}^{n}\sum_{j=1}^{n}\frac{|x_{ij}-\tilde{x}_{ij}|}{|\tilde{x}_{ij}|}\times 100 \tag{2.25}$$

在每一次迭代后，我们都需要进行矩阵相似度的计算，并与提前设置好的阈值进行比较：若 MAPE 的计算结果小于阈值，结束此次循环迭代；若 MAPE 计算结果大于阈值，则需先对份额比例进行修正调整，然后再回到第二步重复上述过程。

对于比例份额的调整，我们先记新的份额比例为${}^{S}V_j^{t,2}$、${}^{S}Y_j^{t,2}$、${}^{S}m^{t,2}$、${}^{S}t^{t,2}$和${}^{S}e^{t,2}$，然后根据实际的年度投入产出表进行如下计算：

$$
\begin{aligned}
{}^{S}V^{t,2} &= \hat{v}^{t,1} \times ({}^{E}\hat{v})^{-1},\\
{}^{S}m^{t,2} &= m_{1*}^{t,1} \times ({}^{E}m_{1*}^{0})^{-1},\\
{}^{S}t^{t,2} &= t_{1*}^{t,1} \times ({}^{E}t_{1*}^{0})^{-1},\\
{}^{S}e^{t,2} &= e_{*1}^{t,1} \times ({}^{E}e_{*1}^{0})^{-1},\\
{}^{S}Y^{t,2} &= \hat{Y}_{*j}^{t,1} \times ({}^{E}\hat{Y}_{*j}^{0})^{-1}.
\end{aligned}
\tag{2.26}
$$

定义调整后的份额比例与初始时的“真实”份额比例之间的差异为d_r^t=（新的份额比例/“真实”份额比例），其中，r表示某一特定的比例份额。如果这个差异超过一定的误差范围，需通过如下的凸调整函数计算修正因子：

$$
c_r^{t,2} = \begin{cases} 1 + \dfrac{(\Delta_r^t \times 100)^{\varepsilon}}{100}, & \Delta_r^t > 0 \\[2ex] 1 - \dfrac{(-\Delta_r^t \times 100)^{\varepsilon}}{100}, & \Delta_r^t < 0 \end{cases}
\tag{2.27}
$$

公式（2.27）中，$\Delta_r^t = d_r^t - 1$且ε为调整弹性系数（通常为0.9）。这一步中得到的调整因子记为$c_V^{t,2}(1 \times n)$、$c_Y^{t,2}(1 \times f)$、$c_m^{t,2}$、$c_t^{t,2}$和$c_e^{t,2}$。从而得到修正后的份额比例为：

$$
\begin{aligned}
{}^{S^c}V^{t,2} &= \hat{c}_v^{t,2} \times {}^{S}V^{t,1},\\
{}^{S^c}m^{t,2} &= c_m^{t,2} \times {}^{S}m^{t,1},\\
{}^{S^c}t^{t,2} &= c_t^{t,2} \times {}^{S}t^{t,1},\\
{}^{S^c}e^{t,2} &= c_e^{t,2} \times {}^{S}e^{t,1},\\
{}^{S^c}Y^{t,2} &= \hat{c}_Y^{t,2} \times {}^{S}Y^{t,1}.
\end{aligned}
\tag{2.28}
$$

紧接着开始第二轮迭代循环计算（$k=2$）。第二轮中的第一步计算过程与第一轮中的第一步计算过程基本一致，唯一不同的是，现在的份额比例是经过修正因子调整过的：

$$
\begin{aligned}
Z^{t,2} &= 0.5\times[({}^{S^c}V^{t,2}\times{}^{E}Z^{0})+({}^{E}Z^{0}\times{}^{S^c}V^{t,2})],\\
m^{t,2} &= 0.5\times[({}^{S^c}m^{t,2}\times{}^{E}m^{0})+({}^{E}m^{0}\times{}^{S^c}V^{t,2})],\\
t^{t,2} &= 0.5\times[({}^{S^c}t^{t,2}\times{}^{E}t^{0})+({}^{E}t^{0}\times{}^{S^c}V^{t,2})],\\
Y^{t,2} &= 0.5\times[({}^{S^c}V^{t,2}\times{}^{E}Y^{0})+({}^{E}Y^{0}\times{}^{S^c}Y^{t,2})],\\
e^{t,2} &= 0.5\times[({}^{S^c}V^{t,2}\times{}^{E}e^{0})+({}^{E}e^{0}\times{}^{S^c}e^{t,2})],\\
v^{t,2} &= {}^{E}v^{0}\times{}^{S^c}V^{t,2}.
\end{aligned}
\tag{2.29}
$$

调整后的投入产出矩阵内部不一致，需要像第一轮计算一样进入第二步调整以达到内部一致性；然后，需要代入第三步，进行时间一致性的调整后重复第二步；最终，通过计算 MAPE 值与阈值比较控制循环计算次数，得到具有内部一致性和时间一致性的投入产出年内表，同时，新一轮的修正因子等相关数据也相应更新。至此，以循环两轮为例的计算结束，可以输出分解结果。

在实际计算中，上述的循环迭代过程需要一直持续进行，直至修正后的比例份额与初始的比例份额之间极为接近为止，即每一轮结束后修正的比例份额与初始时根据分行业 GDP 数据计算得到的比例份额偏差小于设定的阈值（1%）为止。在本文中，对于这部分数据的比较，采用了向量间的相关系数，由于 T－EURO 方法属于并行式分解运算，所以在同时求出年内的各时期的修正的比例份额后分别与初始数据进行 Pearson 相关系数的计算，直至每一期的相关系数都大于 0.99，停止循环。

需要注意的是，为了保证这个循环迭代计算过程对投入产出表的分解结果可收敛，在第三轮及以后的迭代中，每一轮更新后的修正因子，在实际应用中需要与之前的修正因子联乘，即 $\prod_{k=2}^{I} c_r^{t,k}$（其中，$I$ 为迭代循环的轮数）。

相较于其他分解方法，经过改进的 T－EURO 方法主要有以下几个优点：①T－EURO 方法所需的唯一外部数据是国家官方发布的年内分行业的季度数据，这些数据的获取方式十分简单，从而大大降低了数据收集的成本；②相较于 EURO 方法，经过调整的 T－EURO 方法可以保证计算过程的收敛性，即，通过 T－EURO 方法的计算，可以最大程度上保证分解结果与实际经济情况的符合程度；③通过 T－EURO 方法分解得到的年内投入产出表可以满足投入产出结构自身的约束条件，即可以同时满足内部一致性和时间一致性要求；④由于在 T－EURO 方法的计算过程中，并不假定部门间经济流量份额比例恒定，所以在这种方法的计算过程中，隐含了对年内技术结构变化的调整，从而可以通过对分解得到的年内表进行分析，捕捉季节性生产结构的变化。

T－EURO 方法的优势及局限性

T－EURO 方法是对 EURO 方法的拓展。从前文的论述中我们可以知道，T－EURO 方法在进行投入产出表的构建时，并不需要基准的季度投入产出表。基础数据需要年度投入产出表以及分行业的季度增加值数据、分行业的生产税净额季度数据、分行业的最终需求季度数据以及分行业的进出口季度数据。

T－EURO 方法可以将年度的投入产出表分解成季度投入产出表，其关键需求信息为分行业的季度投入产出信息。T－EURO 方法所需要的数据相对 RAS 来说更低。RAS 方法需要一个当期的基准表进行外推以及预测，T－EURO 方法则只需要多期基准表的汇总表及部分季度投入产出数据即可。

Temurshoev（2011）验证了在同样信息的基础上，EURO 的方法比 RAS 方法更加精确。Andre（2017）分别用 RAS 方法和 T－EURO 方法再次做了一次验证，采用巴西 2002—2005 年的年度投入产出表进行验证。首先将 2002—2005 年的投入产出表合并成一个 4 年期的投入产出表，之后采用两种方案进行 T－EURO 的拆分，一种方案是直接将 4 年期的投入产出表分解成 1 年期的投入产出表，另外一种方案则先将 4 年期的投入产出表分解成 2 年期的投入产出表，然后将 2 年期的投入产出表分解成 1 年期的投入产出表。同时，Andre 用 RAS 方法直接推测出 2004 年的中间投入矩阵作为对照组。具体结果如表 2－3 所示。

表 2－3　T－EURO 与 RAS 数据扩展能力比较

		技术系数矩阵误差				里昂惕夫逆矩阵误差			
		0%	2%	5%	10%	0%	2%	5%	10%
MAD	T－EURO（Q）S	0.002				0.002			
	T－EURO（Q）H	0.002				0.002			
	RAS	0.001	0.001	0.002	0.002	0.001	0.002	0.004	0.005
MAPE	T－EURO（Q）S	8.735				4.927			
	T－EURO（Q）H	8.727				4.919			
	RAS	7.148	7.319	10.216	11.957	3.216	3.961	7.936	8.961
WAPE	T－EURO（Q）S	4.949				1.600			
	T－EURO（Q）H	4.947				1.601			
	RAS	3.238	4.142	6.123	8.217	0.916	1.492	2.784	3.367
SWAD	T－EURO（Q）S	0.039				0.008			
	T－EURO（Q）H	0.039				0.008			
	RAS	0.022	0.031	0.046	0.079	0.004	0.007	0.012	0.013
PSI	T－EURO（Q）S	0.049				0.016			
	T－EURO（Q）H	0.049				0.016			
	RAS	0.032	0.041	0.061	0.082	0.009	0.015	0.028	0.034

注：①MAD 是平均绝对误差、MAPE 是平均绝对百分误差、WAPE 是加权平均绝对误差、SWAD 是标准化加权绝对误差、PSI 是模型预测的稳定性指标；②T－EURO（Q）S 即将 4 年期的投入产出表直接分解，T－EURO（Q）H 是分层分解，即先分解成 2 年期的表，然后再分解成 1 年期的表。

从表2-3中我们不难看出，当加总的投入产出表与拆分的投入产出表之间的信息差异error（收敛误差设置）逐渐增大时，T-EURO方法的分解表现更好，即T-EURO方法对基础数据的要求更低。

2.2.5 矩阵变换预测法（MTT）

投入产出矩阵预测的思路是：将投入产出表的3个象限作为一个整体来考虑，以投入系数所在第Ⅰ象限为主体，第Ⅱ、第Ⅲ象限分别合并成一列（行），第Ⅳ象限补 $x_{(n+1)(n+1)}$，最后形成一个 $(n+1)\times(n+1)$ 维的矩阵 X。然后将该矩阵作为分析目标，在充分考虑矩阵内部各种约束的基础上，通过建立模型将矩阵整体外推。

由于在矩阵 X 中，约束方程组为“对应的行和等于列和”（由公式2.12表示），所以绝不能直接对矩阵 X 中的每个元素独立进行建模和预测。否则，这样得到的未来数据表就不再是投入产出表，因为它是不再满足行和等于列和的约束。由此可见，要研究投入产出表的预测方法，首先需要考虑的是通过某种变换消除矩阵 X 中的约束条件。为了解决这一问题，我们可以使用矩阵变换预测法（MTT）对投入产出表进行更新和预测。据此，我们提出的对 X 进行预测建模的总体思路可用图2-2表示。

如图2-2所示，投入产出表的预测建模方法可以大致分成两个阶段：首先，解除原始投入产出矩阵的约束条件，建立关于无约束矩阵的预测模型进行建模预测；然后将变换后矩阵再返回成投入产出矩阵，从而实现对未来投入产出表的预测。

我们首先讨论投入产出矩阵（A表）的变换方法。

MTT Ⅰ模型

当预测年份的各部门的增加值和最终使用值未知时，投入产出矩阵

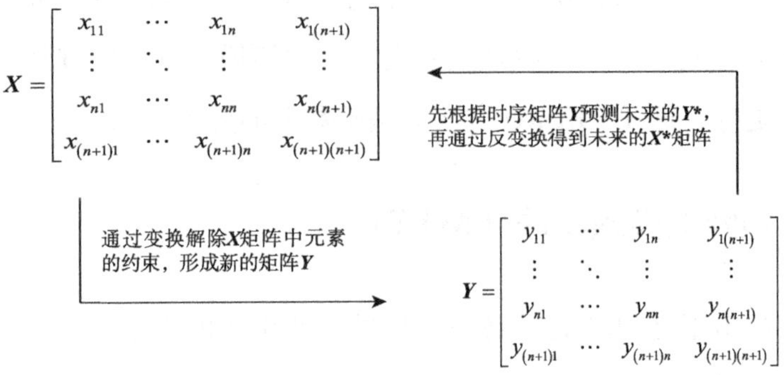

图 2 - 2　投入产出表的预测建模总体思路示意图

的第Ⅰ、第Ⅱ、第Ⅲ象限均需要进行预测。

由公式（2.12）可知，在投入产出矩阵 X 中存在（$n+1$）个约束公式，即

$$\sum_{i=1}^{n+1} x_{ik} = \sum_{j=1}^{n+1} x_{kj},\ k = 1,\cdots,n+1 \tag{2.30}$$

不过，不难推出：如果公式（2.12）中的前面 n 个等式都成立时，最后一个等式是自然成立的。所以，在公式（2.12）中真正独立的约束方程其实只有 n 个。

由此可见，在矩阵 X 中，真正自由取值的元素的个数也并不是 $(n+1)\times(n+1)$ 个，而是要扣除其中约束方程的个数，即为 $(n+1)\times(n+1)-n=(n+1)\times n+1$ 个。

为了消除约束条件（2.30），令

$$y_{ij} = \frac{x_{ij}}{x_{i(n+1)}},\ i,j = 1,2,\cdots,(n+1) \tag{2.31}$$

这里需提醒读者注意的是：在实际问题中，总有“各部门调整后最终使用合计”不为零，即 $x_{i(n+1)} \neq 0(i = 1,2,\cdots,n)$；同时，“所有产品部门的增加值合计”也不会等于零，即有 $x_{(n+1)(n+1)} \neq 0$。所以，在变换（2.31）中永远不会出现分母为0的情况，因此，这个变换总是可行的。

按照公式（2.31）进行变换，则矩阵 X 可以变换成如下形式：

$$Y=\begin{bmatrix} y_{11} & \cdots & y_{1n} & 1 \\ \vdots & \ddots & \vdots & \vdots \\ y_{n1} & \cdots & y_{nn} & 1 \\ y_{(n+1)1} & \cdots & y_{(n+1)n} & 1 \end{bmatrix}_{(n+1)(n+1)} = \begin{bmatrix} YI_{n\times n} & I \\ Y_{(n+1)\cdot} & 1 \end{bmatrix} \tag{2.32}$$

在本节中，将矩阵 Y 称为“解约束后的投入产出矩阵”。在矩阵 Y 中，$y_{ij}(i,j=1,2,\cdots,n)$ 的经济含义为“第 i 产品部门提供给第 j 产品部门使用的价值量”与“第 i 产品部门调整后最终使用合计”相比的比例。经过变换，矩阵 YI 中的元素 y_{ij} 均为无约束的，可以对其中的每一个元素单独预测。而 $y_{(n+1)j}(j=1,2,\cdots,n)$ 则表示“第 j 产品部门的增加值”占“所有产品部门增加值合计”的百分比。

在前面讨论了如何将矩阵 X 变换为矩阵 Y 以后，下面进一步讨论如何根据矩阵 Y，通过反变换求出矩阵 X。具体方法如下。

第一步，由于在 Y 中自由取值的元素个数是 $(n+1)\times n$，这与 X 中实际自由取值的个数 $[(n+1)\times n+1]$ 相比又少了一个，所以我们需要增加一个外生变量。为了分析简便起见，不妨假设 $x_{(n+1)(n+1)}$ 是一个已知的数值。于是，可以根据 Y 中的元素来计算出 X 最后一行的元素，即有

$$x_{(n+1)j}=y_{(n+1)j}\cdot x_{(n+1)(n+1)},\ j=1,2,\cdots,n \tag{2.33}$$

第二步，根据 $X_{(n+1)\cdot}=[x_{(n+1)1},x_{(n+1)2},\cdots,x_{(n+1)n}]^T$ 以及 Y 中的元素，可以计算出矩阵 X 最后一列中的元素 $X_{\cdot(n+1)}=[x_{1(n+1)},x_{2(n+1)},\cdots,x_{n(n+1)}]^T$。

其实，根据变换公式（2.31）和约束方程组（2.30）中的前 n 个方程（注意前面已经提到过：最后一个方程是冗余方程），可以得到下面的方程组，

$$\sum_{j=1}^{n}(y_{kj}+1)x_{k(n+1)}-\sum_{i=1}^{n}y_{ik}x_{i(n+1)}=y_{(n+1)k}x_{(n+1)(n+1)},\ k=1,2,\cdots,n \tag{2.34}$$

因为

$$x_{(n+1)k} = y_{(n+1)k}\, x_{(n+1)(n+1)}, \quad k = 1,2,\cdots,n \tag{2.35}$$

所以，将公式（2.34）写成矩阵形式，就可以得到

$$B \cdot X_{\cdot(n+1)} = X_{(n+1)\cdot} \tag{2.36}$$

于是就可以解得 $X_{\cdot(n+1)}$ 为

$$X_{\cdot(n+1)} = B^{-1} X_{(n+1)\cdot} \tag{2.37}$$

这里，记

$$B = \left(\begin{bmatrix} 1+\sum_{j=1}^{n} y_{1j} & 0 & \cdots & 0 \\ 0 & 1+\sum_{j=1}^{n} y_{2j} & \cdots & 0 \\ \vdots & \vdots & \ddots & \vdots \\ 0 & 0 & \cdots & 1+\sum_{j=1}^{n} y_{nj} \end{bmatrix} - \begin{bmatrix} y_{11} & y_{21} & \cdots & y_{n1} \\ y_{21} & y_{22} & \cdots & y_{n2} \\ \vdots & \vdots & \ddots & \vdots \\ y_{nn} & y_{n2} & \cdots & y_{nn} \end{bmatrix} \right) \tag{2.38}$$

第三步，在得到 X 的最后一列中的元素 $X_{\cdot(n+1)} = [x_{1(n+1)}, x_{2(n+1)}, \cdots, x_{n(n+1)}]^T$ 之后，再根据变换公式（2.31），可以得到

$$x_{ij} = y_{ij}\, x_{i(n+1)}, \quad i,j = 1,2,\cdots,n \tag{2.39}$$

于是，就得到了矩阵 X 中的所有其他元素 $x_{ij}(i,j = 1,\cdots,n)$。

以上述投入产出矩阵的变换与反变换方法为基础，投入产出矩阵的预测建模方法和步骤如下。

第一步，将所有产品部门增加值合计 $x^t_{(n+1)(n+1)}$ 作为外生变量，单独建立其预测模型，比如：

$$x^t_{(n+1)(n+1)} = f_{(n+1)(n+1)}(t) + \varepsilon_{(n+1)(n+1)} \tag{2.40}$$

利用公式（2.40），可以预测出未来（$T+l$）时刻的 $\hat{x}^{T+l}_{(n+1)(n+1)}$。

第二步，按照公式（2.31），将矩阵 $X^1, X^2, \cdots, X^T$ 变换成 $Y^1, Y^2, \cdots, Y^T$。然后，根据矩阵 Y^t 中间的元素 $y^t_{ij}(i,j = 1,2,\cdots n)$，分别建立 $n \times n$

个预测模型，比如

$$y_{ij}^{t} = f_{ij}(t) + \varepsilon_{ij},\ i,j = 1,2,\cdots,n \tag{2.41}$$

利用公式（2.41），可以预测出未来（$T + l$）时刻矩阵 $\hat{Y}^{T+1}$ 的元素 $\hat{y}_{ij}^{T+l}(i,j = 1,2,\cdots,n)$。

第三步，建立向量 $[y_{(n+1)1}^{t},y_{(n+1)2}^{t},\cdots,y_{(n+1)n}^{t}]^{T}$ 的预测模型。然后，再根据 $\hat{x}_{(n+1)(n+1)}^{T+1}$，计算未来 A 表 $\hat{X}^{T+l}$ 中的最后一行的其他元素 $[x_{(n+1)1},x_{(n+1)2},\cdots,x_{(n+1)n}]^{T}$，其计算公式为

$$\hat{x}_{(n+1)j}^{T+l} = \hat{y}_{(n+1)j}^{T+l} \cdot \hat{x}_{(n+1)(n+1)}^{T+l},\ j = 1,2,\cdots,n \tag{2.42}$$

这里需要强调的是：公式（2.33）中最后一行的前 n 个元素构成的是一个成分数据，即对于 $[y_{(n+1)1}^{t},y_{(n+1)2}^{t},\cdots,y_{(n+1)n}^{t}]^{T}$，总有

$$0 \leqslant y_{(n+1)j}^{t} \leqslant 1,\ j = 1,2,\cdots,n \tag{2.43}$$

$$\sum_{j=1}^{n} y_{(n+1)j}^{t} = 1 \tag{2.44}$$

公式（2.43）和公式（2.44）被称为成分数据的定和约束①。消除这个约束，不妨假设 $y_{(n+1)n}^{t}$ 为该向量中不为 0 的元素，进行如下 ratio 变换：

$$z_{j}^{t} = \frac{y_{(n+1)j}^{t}}{y_{(n+1)n}^{t}}(j = 1,2,\cdots,n) \tag{2.45}$$

则原向量转化为 $[z_{1}^{t},z_{2}^{t},\cdots,z_{n-1}^{t},1]^{T}$，此时该向量中的元素不再受约束，可以自由建模，对 $z_{j}^{t}(j = 1,2,\cdots,n - 1)$ 建立 $n - 1$ 个模型：

$$z_{j}^{t} = g_{j}(t) + \varepsilon_{j} \tag{2.46}$$

利用公式（2.45）得到未来（$T + l$）时刻的 $\hat{z}_{j}^{T+l}$ 后，经过下列 ratio 反变换：

---

① 对矩阵 Y^{t} 最后一行的预测建模需要采用成分数据的预测建模方法。为了读者参阅方便，我们在本章的 2.4 节介绍成分数据的预测建模方法。

$$\begin{cases} \hat{y}_{(n+1)j}^{T+l} = \dfrac{\hat{z}_j^{T+l}}{1 + \sum_{j=1}^{n-1} \hat{z}_j^{T+l}}, \ j = 1,2,\cdots,n-1 \\ \hat{y}_{(n+1)n}^{T+l} = \dfrac{1}{1 + \sum_{j=1}^{n-1} \hat{z}_j^{T+l}} \end{cases} \tag{2.47}$$

得到未来（$T+l$）时刻的向量 $[\hat{y}_{(n+1)1}^{T+l}, \hat{y}_{(n+1)2}^{T+l}, \cdots, \hat{y}_{(n+1)n}^{T+l}]^T$。

第四步，根据 $\hat{X}_{(n+1)\cdot}^{T+l} = [\hat{x}_{(n+1)1}^{T+l}, \hat{x}_{(n+1)2}^{T+l}, \cdots, \hat{x}_{(n+1)n}^{T+l}]^T$ 以及 $\hat{y}_{ij}^{T+l}(i,j = 1, 2,\cdots,n)$，利用 A 表的反变换公式（2.37）可以计算出矩阵 X 最后一列中的元素 $\hat{X}_{\cdot(n+1)}^{T+l} = [\hat{x}_{1(n+1)}^{T+l}, \hat{x}_{2(n+1)}^{T+l}, \cdots, \hat{x}_{n(n+1)}^{T+l}]^T$。

第五步，根据 $\hat{X}_{\cdot(n+1)}^{T+l} = [\hat{x}_{1(n+1)}^{T+l}, \hat{x}_{2(n+1)}^{T+l}, \cdots, \hat{x}_{n(n+1)}^{T+l}]^T$ 和 $\hat{y}_{ij}^{T+l}(i,j = 1,2,\cdots, n)$，就可以计算出矩阵 $\hat{X}^{T+l}$ 中的所有其他元素 $\hat{x}_{ij}^{T+l}(i,j = 1,\cdots,n)$，即

$$\hat{x}_{ij}^{T+l} = \hat{y}_{ij}^{T+l} \hat{x}_{i(n+1)}^{T+l}, \ i,j = 1,2,\cdots,n, \tag{2.48}$$

最后，综合前面所有的预测结果，便得到未来时刻矩阵 $\hat{X}^{T+l}$ 的所有元素 $\hat{x}_{ij}^{T+l}(i,j = 1,\cdots,n,n+1)$。

这里需要强调的是，在第二步建立 $\hat{y}_{ij}^{T+l}(i,j = 1,2,\cdots,n)$ 的预测模型的过程中，建模的工作量往往是相当大的。例如，对于一个有 33 个产品部门的投入产出表，y_{ij}^t 元素的数量就高达 33 × 33 = 1089 个。这就意味着我们需要高效率地建立 1089 个预测模型。在这种情况下，如果采用工业化建模技术，就会使整个投入产出表的预测工作效率得到极大的提高。

MTT Ⅱ模型

当预测年份的各部门的增加值和最终使用值已知时，即预测年份投入产出矩阵 X 的第（$n+1$）行与第（$n+1$）列均为已知，投入产出矩阵的预测转化为仅对第 I 象限各元素的预测。具体的预测建模方法和步骤如下。

第一步，按照公式（2.31），将矩阵 $X^1, X^2, \cdots, X^T$ 变换成 $Y^1, Y^2, \cdots,$

Y^T。然后，根据矩阵 Y^t 第Ⅰ象限的元素 $y_{ij}^t(i,j = 1,2,\cdots n)$，分别建立 $n \times n$ 个预测模型：

$$y_{ij}^t = f_{ij}(t) + \varepsilon_{ij},\ i,j = 1,2,\cdots,n \tag{2.49}$$

利用公式（2.49），可以预测出未来（$T + l$）时刻矩阵 $\hat{Y}^{T+1}$ 中的元素 $\hat{y}_{ij}^{T+l}(i,j = 1,2,\cdots,n)$。

第二步，根据已知的 $X_{\cdot(n+1)}^{T+l} = [x_{1(n+1)}^{T+l},x_{2(n+1)}^{T+l},\cdots,x_{n(n+1)}^{T+l}]^T$ 和 $\hat{y}_{ij}^{T+l}(i,j = 1,2,\cdots,n)$，就可以计算出矩阵 $\hat{X}^{T+l}$ 中的所有其他元素 $\hat{x}_{ij}^{T+l}(i,j = 1,\cdots,n)$，即

$$\hat{x}_{ij}^{T+l} = \hat{y}_{ij}^{T+l} \cdot x_{i(n+1)}^{T+l},\ i,j = 1,2,\cdots,n, \tag{2.50}$$

最后，综合已知的各部门增加值 $X_{(n+1)\cdot}^{T+l}$ 和最终使用值 $X_{\cdot(n+1)}^{T+l}$，得到未来时刻矩阵 $\hat{X}^{T+l}$ 的所有元素 $\hat{x}_{ij}^{T+l}(i,j = 1,\cdots,n,n + 1)$。

U 表的变换与反变换方法

由于在 U 表中没有“中间投入合计 = 中间使用合计”的约束，因此除了最后一行和最后一列仍然满足“对应行和等于列和”的约束外，U 表中的其他对应行、列之和并不要求它们相等。所以，U 表中的约束条件要比 A 表简单很多。仍然记 U 表的数据矩阵为

$$X = \begin{bmatrix} x_{11} & \cdots & x_{1n} & x_{1(n+1)} \\ \vdots & & \vdots & \vdots \\ x_{n1} & \cdots & x_{nn} & x_{n(n+1)} \\ x_{(n+1)1} & \cdots & x_{(n+1)n} & x_{(n+1)(n+1)} \end{bmatrix}_{(n+1)\times(n+1)}$$

这时，该数据表的约束方程就只剩下要求“最后一行等于最后一列”，即

$$\sum_{j=1}^{n+1} x_{(n+1)j} = \sum_{j=1}^{n+1} x_{i(n+1)} \tag{2.51}$$

所以，在矩阵 X 中，真正自由取值的元素个数是 $(n + 1) \times (n + 1) -$

1 个。如果仍然假设 $x_{(n+1)(n+1)}$ 为一个已知的数值，那么对 U 表的变换可以设计如下：

$$y_{i(n+1)} = \frac{x_{i(n+1)}}{x_{(n+1)(n+1)}},\ i = 1,2,\cdots,n \tag{2.52}$$

$$y_{(n+1)j} = \frac{x_{(n+1)j}}{x_{(n+1)(n+1)}},\ j = 1,2,\cdots,n \tag{2.53}$$

其中，$[y_{(n+1)1}, y_{(n+1)2}, \cdots, y_{(n+1)n}]^T$ 和 $[y_{1(n+1)}, y_{2(n+1)}, \cdots, y_{n(n+1)}]^T$ 都是成分数据，即它们都会满足定和约束。其中，$y_{(n+1)j}(j = 1,2,\cdots,n)$ 的经济含义是“第 j 产品部门的增加值”占“所有产品部门增加值合计”的百分比；而 $y_{i(n+1)}(i = 1,2,\cdots,n)$ 的经济含义是“第 i 产品部门调整后最终使用合计”占“所有产品部门调整后最终使用合计”的百分比。

U 表的反变换也比 A 表容易得多。根据公式（2.52）和公式（2.53），就可以根据 $x_{(n+1)(n+1)}$ 和 $[y_{(n+1)1}, y_{(n+1)2}, \cdots, y_{(n+1)n}]^T$、$[y_{1(n+1)}, y_{2(n+1)}, \cdots, y_{n(n+1)}]^T$，求出矩阵 X 的最后一行和最后一列，

$$x_{i(n+1)} = y_{i(n+1)} \cdot x_{(n+1)(n+1)},\ i = 1,2,\cdots,n \tag{2.54}$$

$$x_{(n+1)j} = y_{(n+1)j} \cdot x_{(n+1)(n+1)},\ j = 1,2,\cdots,n \tag{2.55}$$

并且很显然，这样求得矩阵 X，它的最后一行一定是等于最后一列的。

U 表的预测建模方法

按时间顺序收集的投入产出表 U 表矩阵序列为 $X^1, X^2, \cdots, X^T$，下面给出 U 表的预测建模方法和步骤。

第一步，将所有产品部门增加值合计作为外生变量，单独建立其预测模型，比如：

$$x^t_{(n+1)(n+1)} = f_{(n+1)(n+1)}(t) + \varepsilon_{(n+1)(n+1)} \tag{2.56}$$

第二步，对于矩阵 $X^1, X^2, \cdots, X^T$ 中间的元素，分别建立 $n \times n$ 个预测

模型，比如

$$x_{ij}^{t} = f_{ij}(t) + \varepsilon_{ij}, \ i,j = 1,2,\cdots,n \tag{2.57}$$

第三步，采用成分数据预测方法，分别建立向量 $[y_{(n+1)1}^{t}, y_{(n+1)2}^{t}, \cdots, y_{(n+1)n}^{t}]^{T}$ 与 $[y_{1(n+1)}^{t}, y_{2(n+1)}^{t}, \cdots, y_{n(n+1)}^{t}]^{T}$ 的预测模型。然后，再结合 $\hat{x}_{(n+1)(n+1)}^{T+1}$，计算未来U表 $\hat{X}^{T+l}$ 中的最后一行和最后一列元素，其计算公式为

$$\hat{x}_{(n+1)j}^{T+l} = \hat{y}_{(n+1)j}^{T+l} \cdot \hat{x}_{(n+1)(n+1)}^{T+l}, \ j = 1,2,\cdots,n \tag{2.58}$$

$$\hat{x}_{i(n+1)}^{T+l} = \hat{y}_{i(n+1)}^{T+l} \cdot \hat{x}_{(n+1)(n+1)}^{T+l}, \ i = 1,2,\cdots,n \tag{2.59}$$

最后，综合前面所有的预测结果，便得到未来时刻矩阵 $\hat{X}^{T+l}$ 的所有元素 $\hat{x}_{ij}^{T+l}(i,j = 1,\cdots,n,n+1)$。

2.3 MTT Ⅰ模型的仿真分析与方法比较

由2.2.5节中讨论的两种情形可知，预测年份的各部门的增加值和最终使用值未知的情形下投入产出矩阵预测建模更加复杂，包含了这些信息已知的情形下的投入产出矩阵预测建模过程，所以针对MTT Ⅰ模型进行仿真实验。

为了验证矩阵变换方法的数学推导过程是否严谨，说明MTT Ⅰ模型的准确性和有效性，本节首先利用蒙特卡罗仿真的方法，生成T期投入产出矩阵，然后选取前T－1期投入产出矩阵代入MTT Ⅰ模型，分析前T－1期投入产出矩阵的拟合效果，并将预测得到的投入产出矩阵与所生成的第T期投入产出矩阵进行比较，评价模型的预测效果。

2.3.1 仿真流程

总体的仿真流程如图2－3所示。

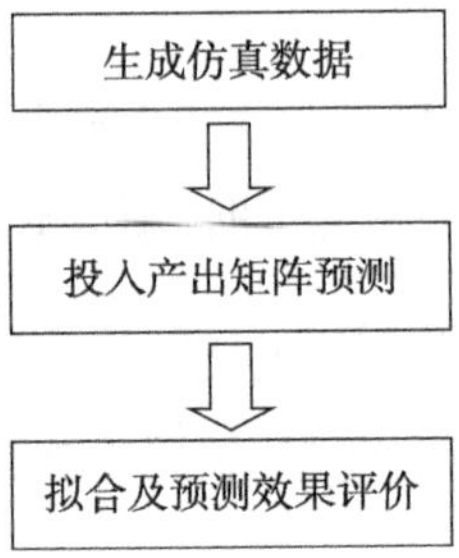

图 2－3　MTT Ⅰ模型仿真流程

由图 2－3 可知，总体的仿真流程分为三步：

第一步：利用蒙特卡罗仿真方法，生成一系列按时间顺序排列的仿真数据的投入产出矩阵。

这是整个蒙特卡罗仿真实验的核心。仿真数据的投入产出矩阵的生成过程如图 2－4 所示。

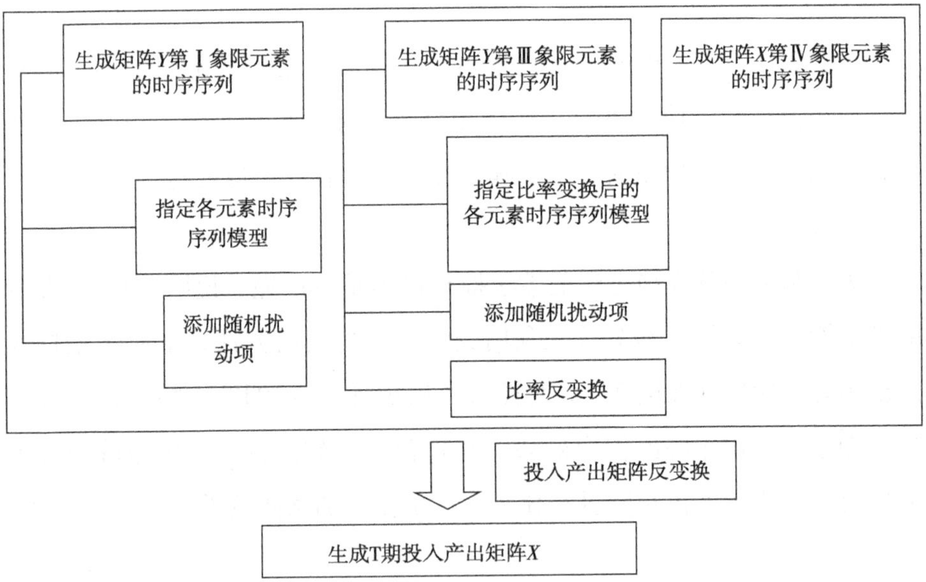

图 2－4　仿真数据的生成过程

由图2－4可以看出，仿真数据表生成的具体过程是：首先生成一个仿真数据的 Y 矩阵，然后经过投入产出矩阵的反变换过程，得到相应的投入产出矩阵，即 X 矩阵。

其中，在生成 Y 矩阵第Ⅰ象限元素的时序序列时，在给出各元素的时序序列模型之后，为了使得数据有一定的波动性，我们在所有数据后添加了随机扰动项；此外，在生成 Y 矩阵第Ⅲ象限元素的时序序列时，由于第Ⅲ象限元素受定和约束，所以对得到的数据要做比率（ratio）反变换的处理。

在投入产出矩阵的反变换过程中，需要用到 X 矩阵第Ⅳ象限元素，所以得到 Y 矩阵后，还需要随机生成 X 矩阵的第Ⅳ象限元素 $x_{(n+1)(n+1)}$。

得到 Y 矩阵和 X 矩阵第Ⅳ象限元素后，经过投入产出矩阵反变换过程，便可以得到仿真的投入产出矩阵 X 数据。

第二步：根据第一步生成的仿真数据进行投入产出矩阵预测建模。也就是说，在得到 T 期的投入产出矩阵 $X^1, X^2, \cdots, X^T$ 之后，选取前 $T-1$ 期投入产出矩阵，建立预测模型。

第三步：投入产出矩阵预测建模结束后，利用该模型计算出前 $T-1$ 期的拟合的投入产出矩阵以及第 T 期预测的投入产出矩阵。然后，选取适当的评价指标，对拟合效果及预测效果进行评价。

在重复上述过程 N 次之后，可得到各评价指标的平均水平，并依此作为最终的评判依据，对投入产出矩阵的拟合及预测效果进行评价分析。

2.3.2 实验过程

根据2.3.1节中的仿真流程，下面将首先生成仿真数据，然后利用仿真数据进行投入产出矩阵预测建模，最后对预测的结果进行分析和评价。

第一步：由于在仿真实验的过程中会涉及很多参数，所以对要用到的参数进行设置。具体参数的设置如下：

①首先，设定在本次实验中所使用的投入产出表是反映 17 个部门之间的投入产出关系，即矩阵的维度为 18×18。

②投入产出矩阵的时间跨度取 T = 16，即生成 16 期的投入产出矩阵。我们取前 15 期的数据表建立预测模型，然后采用第 16 期的数据表对预测结果进行评价。

③在生成仿真数据时，各元素的时间序列模型均被设置为三次多项式。

④生成仿真数据时，信噪比为 10，即添加的随机扰动项的方差是对应时序序列模型数据方差的 1/10。为了使数据波动性更加明显，随机扰动项的均值也为对应时序序列模型数据均值的 1/10。

⑤仿真次数为 N = 10000 次。

第二步：按照 2.3.1 节所描述的过程生成仿真实验所需数据。

在第二步中包含两方面的内容。首先，是要生成 Y 矩阵的第Ⅰ象限中的数据；其次，要生成 Y 矩阵的第Ⅲ象限中的数据。

首先，生成 Y 矩阵的第Ⅰ象限中的数据。设在第 t 时刻，在 Y 矩阵的第Ⅰ象限中，某元素 $y_{ij}(t)(i,j = 1,2,\cdots,17)$ 的时间序列模型为

$$y_{ij}(t) = p_{ij0} + p_{ij1}t + p_{ij2}t^2 + p_{ij3}t^3 + \varepsilon_{ij}(t) \tag{2.60}$$

随机生成 Y 矩阵第Ⅰ象限中的各个元素的仿真数据。其过程如下：

①假设各元素的时间序列模型均为三次多项式，参见公式（2.60）。随机生成所有这些三次多项式的系数 $p_{ijk}(i,j = 1,2,\cdots,17;k = 0,1,2,3)$，它们均服从标准正态分布 $N(0,1)$。

为了统一模型系数 $p_{ijk}(i,j = 1,2,\cdots,17;k = 0,1,2,3)$ 和自变量 t 的取值范围，我们先将这些随机生成的系数进行极差标准化处理，即

$$p'_{ijk}=\frac{p_{ijk}-\min\limits_{k=0,1,2,3}p_{ijk}}{\max\limits_{k=0,1,2,3}p_{ijk}-\min\limits_{k=0,1,2,3}p_{ijk}},\ i,j=1,\cdots,17;\ k=0,1,2,3 \quad (2.61)$$

然后将时期数 t 也进行极大值标准化处理，第 t 期被标准化后的取值为 $t/16$ 。这样就将 $p_{ijk}(i,j=1,2,\cdots,17;k=0,1,2,3)$ 和 t 的取值范围都统一到 $[0,1]$，代入三次多项式模型。

②添加服从正态分布的随机扰动项 $\varepsilon_{ij}(t),(i,j=1,2,\cdots,17;t=1,2,\cdots,16)$，其均值和方差的设置方法请参见第一步中的参数设置④。于是，得到 Y 矩阵第Ⅰ象限各元素的时间序列数据 $y_{ij}(t)(i,j=1,2,\cdots,17;t=1,2,\cdots,16)$。

接下来，考虑如何生成 Y 矩阵的第Ⅲ象限中的数据。需要注意的是，Y 矩阵第Ⅲ象限中的数据受定和约束，因此，对于任意的 $t=1,2,\cdots,16$，应该有

$$\sum_{j=1}^{17}y_{18j}(t)=1 \quad (2.62)$$

为了得到这样的仿真数据，我们首先按照与第Ⅰ象限完全相同的办法，随机生成一组时间序列数据 $z_j(t)(j=1,2,\cdots,16;t=1,2,\cdots,16)$。然后，对 $z_j(t)(j=1,2,\cdots,16;t=1,2,\cdots,16)$ 做 ratio 反变换，就会得到 Y 矩阵第Ⅲ象限的成分数据时间序列 $y_{18j}(t)(j=1,2,\cdots,17;t=1,2,\cdots,16)$。

上述过程都完成后，就得到一个完整的 Y 矩阵。下面，再随机生成 X 矩阵第Ⅳ象限元素 $x_{18\times18}$。

对所得到的 Y 矩阵进行投入产出矩阵反变换，就可以得到 16 期的投入产出矩阵 $X^1,X^2,\cdots,X^{16}$，作为仿真实验的原始数据表。

第三步：利用仿真生成的原始数据表，进行投入产出矩阵预测建模。

选取第二步生成的 16 期投入产出矩阵 $X^1,X^2,\cdots,X^{16}$ 中的前 15 期数据进行投入产出矩阵预测建模。

根据 MTT Ⅰ模型进行计算，得到前 15 期的拟合矩阵 $\hat{X}^t(t=1, 2, \cdots 15)$ 以及第 16 期的预测矩阵 $\hat{X}^{16}$。将拟合矩阵和预测矩阵分别与第二步生成的 16 个时期的矩阵 $X^1, X^2, \cdots, X^{16}$ 进行比较分析，即可计算得到各评价指标的值。

重复第二步和第三步 10000 次，并计算各评价指标的均值，这将作为最终的测度投入产出矩阵拟合和预测效果的指标。

2.3.3 结果分析

为了衡量预测的投入产出矩阵与原始投入产出矩阵之间的相似程度，可以采用一系列相互补充的指标进行测度。令 x_{ij}^* 为预测值；x_{ij} 为原始值，$(n+1)\times(n+1)$ 代表投入产出矩阵的维数。本节主要选择以下 3 个指标作为投入产出矩阵预测效果的评价准则，它们分别是：

标准化误差百分比（Standardized Total Percentage Error，简称 STPE）（Miller and Blair，1985）

$$STPE = \frac{100\sum_{i=1}^{n+1}\sum_{j=1}^{n+1}\left|x_{ij}^* - x_{ij}\right|}{\sum_{i=1}^{n+1}\sum_{j=1}^{n+1}x_{ij}} \tag{2.63}$$

该指标值越小，说明预测精度越高。

锡尔系数，Theil's U（Theil，1971）

$$U = \left[\frac{\sum_{i=1}^{n+1}\sum_{j=1}^{n+1}(x_{ij}^* - x_{ij})^2}{\sum_{i=1}^{n+1}\sum_{j=1}^{n+1}x_{ij}^2}\right]^{1/2} \tag{2.64}$$

该指标值越小，说明预测精度越高。

C 指数，（Roy et al.，1982）

$$C = \frac{\sum_{i=1}^{n+1}\sum_{j=1}^{n+1}x_{ij}^*\log x_{ij}^* - \sum_{i=1}^{n+1}\sum_{j=1}^{n+1}x_{ij}\log x_{ij}}{\sum_{i=1}^{n+1}\sum_{j=1}^{n+1}x_{ij}\log x_{ij}} \tag{2.65}$$

该指标值越小，说明预测精度越高。

经过10000次仿真实验之后，得到各评价指标的均值如表2－4所示。

因为评价指标均是绝对值越小表示拟合效果越好，由表2－4可知，各指标的表现都显示拟合预测的效果较佳。因此，该仿真实验表明，投入产出矩阵预测方法是合理有效的。

表2－4　投入产出矩阵拟合预测效果评价

	STPE	U	C
1	0.0301	0.0233	-0.0006
2	0.0425	0.0340	-0.0005
3	0.0420	0.0348	-0.0001
4	0.0391	0.0336	-0.0004
5	0.0366	0.0326	0.0000
6	0.0346	0.0320	-0.0001
7	0.0327	0.0314	0.0000
8	0.0306	0.0304	-0.0001
9	0.0281	0.0289	0.0001
10	0.0256	0.0271	0.0000
11	0.0232	0.0253	-0.0001
12	0.0214	0.0240	0.0000
13	0.0198	0.0227	0.0000
14	0.0174	0.0204	0.0000
15	0.0107	0.0128	0.0000
16	0.0291	0.0351	0.0001

2.3.4　实证分析与方法对比

仿真实验很好地说明了投入产出矩阵的预测建模方法是准确和有效的，下面将该方法应用到具体的案例当中考察其实际效果。

Jackson 和 Murray（2004）在综述了 RAS 方法等现有的投入产出矩阵预测建模方法和开发了一系列优化的方法进行投入产出矩阵预测建模的基础上，利用美国 1967 年、1972 年和 1977 年 3 个基年 23 个部门的投入产出矩阵（Miller 和 Blair，1985）做了两个实证分析，将 10 种方法进行了比较和评价。这些方法基于一个基年的投入产出矩阵去估计下一个基年。第一个实证分析为运用 10 种方法由实际的 1967 年投入产出矩阵预测 1972 年的，并与实际的 1972 年投入产出矩阵进行比较；第二个实证分析为运用 10 种方法由实际的 1972 年投入产出矩阵预测 1977 年的，并与实际的 1977 年投入产出矩阵进行比较。为了评价各方法的预测效果，他们引入了 STPE、Theil's U、C 指数和加权绝对误差（WAD）（Lahr，2001）四个指标，计算两个实证研究中各个方法在各个指标上的排名，最后得出各个方法的综合排名，作为评价各方法预测效果的依据。

$$WAD = \frac{\sum_{i=1}^{n+1}\sum_{j=1}^{n+1}|x_{ij}| \times |x_{ij}^{*} - x_{ij}|}{\sum_{i=1}^{n+1}\sum_{j=1}^{n+1}(x_{ij} + x_{ij}^{*})} \tag{2.66}$$

其中，x_{ij}^{*} 为预测值；x_{ij} 为原始值。$(n+1)\times(n+1)$ 代表投入产出矩阵的维数。本节也基于美国 1967 年、1972 年和 1977 年 3 个基年 23 个部门的投入产出矩阵（Miller 和 Blair，1985）进行实证分析。因为本章提出的方法是利用历史数据的趋势规律来预测未来年份的投入产出矩阵，所以在运用 MTT Ⅰ模型和 MTT Ⅱ模型对 1977 年的投入产出矩阵进行预测时，需要根据 1967 年和 1972 年两个基年的投入产出矩阵进行预测，这与现有的 10 种方法只根据 1972 年的投入产出矩阵预测 1977 年的投入产出矩阵有所不同。在进行投入产出矩阵预测建模的过程中，假设解约束后的矩阵中各元素的变化速度是均匀的，即它们的增长率在 1967—1977 年保持不变。基于这个假设进行实证分析。

首先运用 MTT Ⅰ模型，根据 1967 年和 1972 年两个基年的投入产出矩阵预测 1977 年的投入产出矩阵。反映预测效果的各指标值如表 2 – 5 所示。

表 2 – 5　MTT Ⅰ模型预测效果

指标值	STPE	U	C
MTT Ⅰ	18.158	0.128	0.026

由表 2 – 5 可知，MTT Ⅰ模型的各指标值均较小，说明 MTT Ⅰ模型的预测精度较高，能够很好地预测未来的投入产出表。

由于 MTT Ⅰ模型是在预测年份的各部门的增加值和最终使用值未知的情况下进行预测建模的，而其他 10 种方法需要知道这些信息，所以这种情况下其他方法将不再适用，无法预测未来的投入产出表，只有 MTT Ⅰ模型能够进行预测，且由表 2 – 5 可知，MTT Ⅰ模型的预测精度也较高。

然后运用 MTT Ⅱ模型，根据 1967 年和 1972 年两个基年的投入产出矩阵预测 1977 年的投入产出矩阵。因为 MTT Ⅱ模型与其他 10 种方法都是在预测年份的各部门的增加值和最终使用值已知的情况下进行预测建模的，所以可以通过对比 MTT Ⅱ模型的实证分析与 Jackson 和 Murray（2004）的第二个实证分析来比较 MTT Ⅱ模型与现有方法的预测效果。

鉴于现有方法只考虑消耗系数矩阵的预测，Jackson 和 Murray 根据消耗系数的变化计算 STPE、Theil's U、C 指数和 WAD 四个指标的值；而 MTT Ⅱ模型考察的是投入产出矩阵整体的变化。这两种衡量矩阵差异的方式没有本质的区别，但是存在量纲不同的问题，STPE、Theil's U、C 指数和 WAD 四个指标中 WAD 受量纲的影响较大，不能用于模型的比较，所以选取前三个指标对 MTT Ⅱ模型与其他 10 种方法的预测效果进行比较。比较结果如表 2 – 6 所示。

表 2-6　MTT Ⅱ模型与其他 10 种方法的预测效果比较

模型	STPE	排名	U	排名	C	排名	平均排名	综合排名
绝对值之差法（Jackson 和 Murray，2004）	1.054	4	0.174	6	0.002	1	3.667	3
加权绝对值之差（Jackson 和 Murray，2004）	1.854	9	0.235	10	0.01	3	7.333	8
标准化绝对值之差法（Matuszewski 等，1964）	1.538	7	0.166	5	0.03	9	7.000	7
差值平方法（Almon，1968）	32.889	11	1.265	11	0.084	11	11.000	11
加权差值平方法（Jackson 和 Murray，2004）	1.653	8	0.207	9	0.028	8	8.333	9
标准化差值平方法（Friedlander，1961）	1.157	6	0.125	3	0.016	6	5.000	5
等比例法（Jackson 和 Murray，2004）	6.718	10	0.19	8	0.033	10	9.333	10
RAS 法（Stone 和 Brown，1962）	0.725	1	0.1	2	0.01	3	2.000	2
GRAS 法（Junius 和 Oosterhaven，2002）	1.037	3	0.158	4	0.012	5	4.000	4
保持符号不变的差值平方法（Jackson 和 Murray，2004）	1.147	5	0.187	7	0.022	7	6.333	6
MTT Ⅱ	1.028	2	0.007	1	0.005	2	1.667	1

由表 2-6 可知，MTT Ⅱ模型在指标 U 上的排名居于首位，在 STPE 指标上的排名仅次于 RAS 方法，在 C 指标上的排名紧随绝对值之差方法之后，综合排名第一位，说明与其他 10 种方法相比，MTT Ⅱ模型的预测精度最高，在预测当前财政年度以前年份的投入产出矩阵时，预测效果超过 RAS 等其他方法的预测效果。

综合以上实证分析可以看出，本文提出的基于矩阵变换的投入产出表预测建模方法适用范围较广，不仅能够适用于预测年份信息已知的情况，还适用于预测年份信息未知的情况。当预测年份的各部门增加值与最终使用值未知时，其他方法都将不再适用，但是 MTT Ⅰ模型却能够很好地预测未来的投入产出表；当预测年份的各部门增加值与最终使用值已知时，MTT Ⅱ模型的预测效果综合排名最高，在预测当前财政年度以前年份的投入产出表时表现优异，在提高投入产出表时效性方面优于其他方法。

2.4 成分数据的预测建模方法

在A表和U表的预测工作中，我们都遇到了成分数据的预测建模问题。由于成分数据是一种十分特殊的数据类型，它的预测模型也完全不同于普通数据，所以在本节中，我们简要介绍这种数据的建模方法与应用。

2.4.1 成分数据的概念

在社会、经济、技术等许多领域的数据分析中，成分数据都有着非常重要而广泛的应用。最典型的就是在描述性统计分析中，应用饼图来表示在某一事物中各种成分所占的比重。例如，为了研究中国的三次产业结构，可以分别统计第一产业、第二产业和第三产业的国民生产总值，并绘制成饼图。在饼图中可以分别表现在报告期的年份，三次产业所占国民生产总值的比重，而这些份额的总和应该等于1。用数学方式来表达，成分数据是指任意一个非负的 p 维向量 $X = (x_1, x_2, \cdots, x_p)^T$，$X$ 的 p 个分量的取值满足以下两个约束条件：

$$\sum_{j=1}^{p} x_j = 1, \ x_j \geqslant 0 \tag{2.67}$$

约束条件（2.67）被称为成分数据的定和约束。

现在我们要解决的问题是，如果有一系列按时间顺序收集的成分数据

$$X^t = \left\{ (x_1^t, \cdots, x_p^t)^T \in R^p \,\middle|\, \sum\nolimits_{j=1}^{t} x_j^t = 1, 0 < x_j^t < 1 \right\}, \ t = 1, 2, \cdots, T \tag{2.68}$$

那么，如何来推测未来时刻 $T+l$ 的成分数据 $X^{T+l} = (x_1^{T+l}, \cdots, x_p^{T+l})^T$。

一种不加思考的简单做法是分别推导成分数据中每一个分量的变化规律。即对于任意的$j = 1,2,\cdots,p$，根据数据记录$\{x_j^t, t = 1,2,\cdots,T\}$建立预测模型，用于推测$x_j^{T+l}$。这样建模预测的一个常见结果是：

$$\sum_{j=1}^{p} x_j^{T+l} \neq 1 \tag{2.69}$$

得到这样结果的原因非常简单，是因为在成分数据中存在定和约束条件（2.67）。所以在$x_j^t(j = 1,2,\cdots,p)$中，真正自由取值的元素个数只有（$p-1$）个。也就是说，p维成分数据的实际存在空间只是一个（$p-1$）维的超平面。

为了在分析成分数据动态规律的同时，始终保持定和约束是成立的，Aitchison（1986）提出一种Logratio变换方法，将X^t变换成$Y^t = (y_1^t,\cdots,y_{p-1}^t)^T$，即

$$y_j^t = \ln(x_j^t / x_p^t),\ j = 1,2,\cdots,p-1 \tag{2.70}$$

这种Logratio变换的特点是可以消除原成分数据中的冗余自由度，并且由于$y_j^t \in (-\infty, +\infty)$，$j = 1,2,\cdots,p-1$，所以在建模过程中，对$y_j^t$的取值没有约束，可以自由地选择模型。此外，通过对数变换，还有可能把某些非线性问题变成线性问题。

另外，将公式（2.70）与定和约束公式相结合，可以推导出Logratio的反变换公式。也就是说，可以根据$Y^t = (y_1^t,\cdots,y_{p-1}^t)^T$计算出$X^t = (x_1^t,\cdots,x_p^t)^T$。具体的推导过程如下。

由公式（2.70）可知，

$$x_j^t = x_p^t e^{y_j^t},\ j = 1,2\cdots,p-1 \tag{2.71}$$

根据定和约束条件，有

$$x_1^t + x_2^t + \cdots + x_{p-1}^t + x_p^t = x_p^t\left(\sum_{j=1}^{p-1} e^{y_j^t} + 1\right) = 1 \tag{2.72}$$

所以得到

$$x_p = \{1/(1 + \sum_{j=1}^{p-1} e^{y_j})\} \tag{2.73}$$

$$x_j = \{e^{y_j}/(1 + \sum_{j=1}^{p-1} e^{y_j})\},\ j = 1,2,\cdots,p-1 \tag{2.74}$$

2.4.2 基于 Logratio 变换的成分数据预测模型

根据上面的讨论，我们给出一种基于 Logratio 变换的成分数据预测模型，其具体计算过程如下。

第一步，对于任何时间 $t = 1,2,\cdots,T$，利用 Logratio 变换，将 $X^t = (x_1^t,\cdots,x_p^t)^T$ 变换成 $Y^t = (y_1^t,\cdots,y_{p-1}^t)^T$。

第二步，利用数据 $Y^t = (y_1^t,\cdots,y_{p-1}^t)^T$，$t = 1,2,\cdots,T$，建立预测模型

$$y_j^t = f_j(t) + \varepsilon_j^t,\ j = 1,2,\cdots,p-1 \tag{2.75}$$

第三步，预测第 $T+l$ 时刻的 $\hat{y}_j^{T+l}$ 值：

$$\hat{y}_j^{T+l} = f_j(T+l),\ j = 1,2,\cdots,p-1 \tag{2.76}$$

第四步，再利用 logratio 变换的反变换公式（8.39）和公式（8.40），计算 $T+l$ 时刻的成分数据 $\hat{X}^{T+l}$ 的预测值。

2.4.3 基于球坐标变换的成分数据预测模型

基于 Logratiao 变换的预测模型是十分简单的，但是在其使用过程中还存在一个重要限制。由于在变换过程中要进行对数运算，所以 Logratiao 变换要求成分数据中的所有元素都必须严格大于 0。而在实际工作中，这个条件往往是很难满足的。

针对这个问题，王惠文等（2007）又提出一种基于球坐标变换的方法，将 p 维空间中的成分数据投影到一个 p 维的超球面上，从而把成分

数据从 p 维空间降低到一个（$p-1$）维空间，得到合理的成分数据预测建模方法。该方法的计算过程如下。

第一步，对原成分数据做一个简单的非线性变换，

$$y_j^t = \sqrt{x_j^t},\ j = 1,2,\cdots,p;\ t = 1,2,\cdots,T \tag{2.77}$$

记：$y^t = (y_1^t,\cdots,y_p^t)'$，$t = 1,2,\cdots,T$。显然有，

$$\|y^t\|^2 = \sum_{j=1}^{p}(y_j^t)^2 = 1 \tag{2.78}$$

第二步，对于任意的 $t = 1,2,\cdots,T$，由公式（2.78）可知，数据 $y^t = (y_1^t,\cdots,y_p^t)^T \in \mathrm{R}^p$ 分布在一个半径为 1 的 p 维超球面上。将 $y^t = (y_1^t,\cdots,y_p^t)^T$，$t = 1,2,\cdots,T$，从直角坐标系变换到球面坐标系 $(r^t,\theta_2^t,\cdots,\theta_p^t)^{\mathrm{T}} \in \Theta^p$，由于 $(r^t)^2 = \|y^t\|^2 \equiv 1$，则有 $\mathrm{R}^p \to \Theta^{p-1}$ 的映射如下：

$$\begin{cases} y_1^t = \sin\theta_2^t \sin\theta_3^t \sin\theta_4^t \cdots \sin\theta_p^t \\ y_2^t = \cos\theta_2^t \sin\theta_3^t \sin\theta_4^t \cdots \sin\theta_p^t \\ y_3^t = \cos\theta_3^t \sin\theta_4^t \cdots \sin\theta_p^t \\ \vdots \\ y_{p-2}^t = \cos\theta_{p-2}^t \sin\theta_{p-1}^t \sin\theta_p^t \\ y_{p-1}^t = \cos\theta_{p-1}^t \sin\theta_p^t \\ y_p^t = \cos\theta_p^t \end{cases} \tag{2.79}$$

其中，$0 < \theta_j^t \leqslant \pi/2$，$j = 2,3,\cdots,p$。

第三步，在上面的变换中，成分数据从原来的 p 维空间被降低到一个（$p-1$）维空间。因此，原来的 p 个线性相关的元素被转换成（$p-1$）个独立的转角 θ_j^t，$j = 2,3,\cdots,p$。根据公式（2.79），利用递归算法可以求得，

$$\begin{cases} \theta_p^t = \arccos y_p^t \\ \theta_{p-1}^t = \arccos\left(\dfrac{y_{p-1}^t}{\sin\theta_p^t}\right) \\ \theta_{p-2}^t = \arccos\left(\dfrac{y_{p-2}^t}{\sin\theta_p^t \sin\theta_{p-1}^t}\right) \\ \vdots \\ \theta_2^t = \arccos\left(\dfrac{y_2^t}{\sin\theta_p^t \sin\theta_{p-1}^t \cdots \sin\theta_3^t}\right) \end{cases} \quad t = 1,2,\cdots,T \tag{2.80}$$

第四步，利用公式（2.81）计算得到的转角数据 $\{\theta_j^t,\ t = 2,3,\cdots,T\}$，$j = 2,3,\cdots,p$，分别建立（$p-1$）个一元回归模型：

$$\hat{\theta}_j^t = f_j(t) + \varepsilon_j^t,\ j = 2,3,\cdots,p \tag{2.81}$$

可以对这些回归模型的实际含义进行一定的解释。例如，如果得到线性模型，说明 θ_j^t 做匀速转动。如果得到二次的多项式模型，则说明 θ_j^t 做加速的旋转运动。

根据得到的模型（2.82），预测第 $T+l$ 时刻的角度：

$$\hat{\theta}_j^{T+l} = f_j(T+l),\ j = 2,3,\cdots,p \tag{2.82}$$

再利用公式（2.79），计算第 $T+l$ 时刻的预测值 $\hat{y}^{T+l} = (\hat{y}_1^{T+l},\cdots,\hat{y}_p^{T+l})$。显然有，

$$\sum_{j=1}^{p} (y_j^{T+l})^2 = 1 \tag{2.83}$$

因此，得到第 $T+l$ 时刻的成分数据的预测值，

$$\hat{x}_j^{T+l} = (\hat{y}_j^{T+l})^2,\ j = 1,2,\cdots,p \tag{2.84}$$

3. 基于 MTT 法下中国投入产出表年度序列表的构建

3.1 数据来源

中国国家统计局逢 2、逢 7 即每隔五年出版一套新的投入产出表基准表，并且存在 2 ~ 3 年甚至更长的时滞，因此，目前公布的只有 1992 年、1997 年、2002 年、2007 年、2012 年、2017 年、2020 年七年的投入产出基本表。按照上一章介绍的 MTT 方法，本章选取目前 1992—2017 年已知的年份尾数为 2 和 7 的投入产出表为预测分解的基础，更新 1992—2020 年中间年份的投入产出表，从而形成 1992—2020 年 29 年间连续的投入产出序列表。这些原始数据中，1992 年和 1997 年的数据由于时间间隔较为久远，只能找到原始纸质出版物，全部数据均为手工录入，后面几年的数据可以直接从国家统计局的官方网站找到。

3.2 数据处理

3.2.1 建立统一的分类标准

在对投入产出表数据进行预处理时，由于时间跨度较长，各年的部门分类、编制条目均略微有所差异，所以需要建立统一的分类标准。本文主要参考2017年《国民经济行业分类》（GB/T 4754—2017）中的部门分类标准，适当参考2007年《国民经济行业分类》（GB/T 4754—2007）的相关描述，结合实际研究需要，分别将各个年份不同部门的数据进行对照整合，统一合并至42部门，具体的部门代码和名称如表3－1所示。

表3－1　合并后的42个产业部门代码与名称对照表

代码	产品部门名称	代码	产品部门名称
1	农林牧渔业	22	废品废料
2	煤炭开采和洗选业	23	电力、热力的生产和供应业
3	石油和天然气开采业	24	燃气生产和供应业
4	金属矿采选业	25	水的生产和供应业
5	非金属矿及其他矿采选业	26	建筑业
6	食品及烟草加工业	27	交通运输和仓储业
7	纺织业	28	邮政业
8	纺织服装鞋帽皮革羽绒及其制品业	29	信息传输、计算机服务和软件业
9	木材加工及家具制造业	30	批发零售业
10	造纸印刷及文教体育用品制造业	31	住宿和餐饮业
11	石油加工炼焦及核燃料加工业	32	金融业
12	化学工业	33	房地产业
13	非金属矿物制品业	34	租赁和商务服务业
14	金属冶炼及压延加工业	35	研究与试验发展业
15	金属制品业	36	综合技术服务业
16	通用、专用设备制造业	37	地质勘探、水利环境和公共设施管理业
17	交通运输设备制造业	38	居民服务和其他服务业
18	电气机械及器材制造业	39	教育业
19	通信设备、计算机及其他电子设备制造业	40	卫生、社会保障和社会福利业
20	仪器仪表及文化办公用机械制造业	41	文化体育和娱乐业
21	工艺品及其他制造业	42	公共管理和社会组织

3.2.2 基准表的特殊处理情况

1992年的投入产出表，与现在相距最远，且早期的编制基准与2007年、2012年的编制基准相比存在很大的差异，同时，1992年投入产出表的数据处理过程中遇到的问题较多，基本可以涵盖以后各基准年数据处理的问题的种类，因此，本文以1992年数据处理为例，阐述数据处理中遇到的问题及相应解决方法。

首先，在进行所有产品部门拆分合并前，本节对各基准表进行试算平衡，以发现原始数据是否存在错误。在对1992年投入产出表原始表进行试算平衡时，发现几处错误并修正如下。

1992年中国投入产出表中间投入部门为“玻璃及玻璃制品业”，其对应的最终产出部门：“FU101 农业居民”“FU102 非农业居民”“THC 小计”　“FU103 社会总消费”，各值分别为53891万元、48162万元、102053万元、387万元，而原始表中数据存在错误。

表3-2　玻璃及玻璃制品业修改　　单位：万元

	代码		农业居民	非农业居民	小计	社会总消费
			FU101	FU102	THC	FU103
玻璃及玻璃制品业	15004	原值		53891	48162	102053
		修改值	53891	48162	102053	387

中间投入部门为“工业专用设备制造业”，其对应的最终使用部门为“FU301 净出口”“ERR 其他”，各值应为-4675480万元、-7832万元。

表3-3　工业专用设备制造业修改　　单位：万元

	代码		净出口	其他
			FU301	ERR
工业专用设备制造业	18003	原值	4675480	7832
		修改值	-4675480	-7832

增加值为“劳动者报酬”，其对应的中间使用部门为“01101 粮食作物种植业”“01109 其他作物种植业”“01200 林业”“01300 畜牧业”，各值分别为16955945万元、12902745万元、2094188万元、11237042万元。

表3-4　劳动者报酬修改　　单位：万元

	代码		粮食作物种植业	其他作物种植业	林业	畜牧业
			01101	01109	01200	01300
劳动者报酬	VA002	原值	16783345	12694958	2751156	10960461
		修改值	16955945	12902745	2094188	11237042

“中间投入合计”，其对应的中间使用部门为“01400 其他农业”“05300 木材及竹材采运业”，各值分别为2063132万元、514808万元；“增加值合计”，其对应的中间使用部门为“其他农业”“木材及竹材采运业”，各值分别为3414670万元、697451万元。

表3-5　中间投入和增加值修改　　单位：万元

	代码		其他农业	木材及竹材采运业
			01400	05300
中间投入合计	TII	原值	63132	14808
		修改值	2063132	514808
增加值合计	TVA	原值	414670	1197451
		修改值	3414670	697451

其次，产品部门的分拆与整合。按照统一分类标准对1992年投入产出表的产品部门进行整合，在此基础上，发现1992年投入产出表的编表基础与已确定的统一标准存在较大差异的，对于差异较大的部门进行分拆和合并。主要涉及以下五类产品部门。

1. 机械设备修理业

机械设备修理业需要拆分到5个合并的产品部门中，分别是通用专用设备制造业、交通运输设备制造业、电气机械及器材制造业、通信设备计算机及其他电子设备制造业、仪器仪表及其他办公用机械制造业。在拆分前，需将“文化、办公用机械制造业”从1992年基准表的“其他专用设备制造业”中拆分出来。在统一42部门分类标准下，“其他专业设备制造业”属于“通用、专用设备制造业”，“文化、办公用机械制造业”属于“仪器仪表及其他办公用机械制造业”，而在1992年投入产出表中，“文化、办公用机械制造业”被内含在“其他专业设备制造业”里，因此，拆分“机械设备修理业”，首先要拆分出“文化、办公用机械设备制造业”，再将其合并到相应的部门。

（1）文化、办公用机械设备制造业拆分

1992年投入产出表与1997年基准表编表准则、经济形态等最为相似，因此，在拆分1992年“文化、办公用机械设备制造业”时，所用的比例参考1997年投入产出表。

正如表3－6所示，在1997年表中，产品部门“其他专用设备制造业”包括的范围涵盖了1992年投入产出表中“工业专用设备制造业”和“其他专用设备制造业”的范围。而1997年表中的“其他专用设备制造业”未包含“文化、办公用机械制造业”。

表3－6　1992年、1997年与42部门表关于“工业专用设备制造业”“其他专用设备制造业”“文化、办公用机械制造业”的对比表

<table>
<tr><th>42 部门表</th><th>1992 年表</th><th>1997 年表</th></tr>
<tr><td rowspan="4">通用、专用设备制造业（不含文化、办公用机械制造业）</td><td>…</td><td>…</td></tr>
<tr><td>工业专用设备制造业</td><td rowspan="2">其他专用设备制造业</td></tr>
<tr><td>其他专用设备制造业（含文化、办公用机械制造业）</td></tr>
<tr><td>…</td><td>…</td></tr>
<tr><td rowspan="2">仪器仪表及文化办公用机械制造业（含文化、办公用机械制造业）</td><td rowspan="2">仪器仪表及其他计量器具制造业</td><td>仪器仪表制造业</td></tr>
<tr><td>文化、办公用机械制造业</td></tr>
</table>

首先，确定1992年文化办公用机械设备制造业占工业专用设备制造业和其他专用设备制造业和的比例。

基于如上原因，在确定“文化、办公用机械设备制造业”和“其他专用设备制造业”相关比例时，首先确定1992年“文化、办公用机械设备制造业”占同年“工业专用设备制造业”和“其他专用设备制造业”和的比例，我们认为该比例与1997年的比例相同，因此，根据1997年投入产出表，计算出1997年“文化、办公用机械设备制造业”占同年“工业专用设备制造业”和“其他专用设备制造业”和的比例，并将该比例设为a。公式如下所示：

$$a = \frac{1992\text{年拆分后文化办公机械制造业投入(产出)}}{\begin{array}{c}1992\text{年拆分前工业专用设备制造业投入(产出)}+\\1992\text{年拆分前其他专用设备制造业投入(产出)}\end{array}}$$

$$= \frac{1997\text{年文化办公用机械制造业总投入(总产出)}}{\begin{array}{c}1997\text{年其他专用设备制造业总投入(总产出)}+\\1997\text{年文化办公用机械设备制造业总投入(总产出)}\end{array}} \quad (3.1)$$

其次，计算1992年拆分后文化办公用机械制造业和拆分后不包含文化专用设备制造业的其他专用设备制造业的比例。令b=拆分前其他专用设备制造业占比，则公式如下所示：

$$b = \frac{1992\text{年拆分前其他专用设备制造业总投入(总产出)}}{\begin{array}{c}1992\text{年拆分前工业专用设备制造业总投入(总产出)}+\\1992\text{年拆分前其他专用设备制造业总投入(总产出)}\end{array}} \quad (3.2)$$

由以上公式，可以计算出1992年拆分后文化办公用机械设备制造业占比和拆分后其他专用设备制造业占比。

$$\begin{aligned}&1992\text{年拆分后文化办公用机械设备制造业占比}\\&= \frac{1992\text{年拆分后文化办公用机械设备制造业}}{1992\text{年拆分前其他专用设备制造业}} = \frac{a}{b-a}\end{aligned} \quad (3.3)$$

$$\begin{aligned}&1992\text{年拆分后其他专用设备制造业占比}\\&= \frac{1992\text{年拆分后其他专用设备制造业}}{1992\text{年拆分前其他专用设备制造业}} = 1-\frac{a}{b-a}\end{aligned} \quad (3.4)$$

经计算，得到相关比例值，如表 3－7 所示。

表 3－7　其他专用设备制造业、文化办公用机械设备制造业拆分比例值

a	0.09507
b	0.97242
$a/(b-a)$	0.51573
$1-a/(b-a)$	0.48427

（2）机械设备修理业拆分

将“机械设备修理业”拆分到 5 个合并的产品部门中，采用的方法是计算 5 个产品部门的总投入（总产出）占 5 个产品部门总投入（总产出）和的比例值，再将“机械设备修理业”的各行、各列数值按计算的相应比例分配到上述 5 个产品部门中，其中涉及的 5 个产品部门行列的交叉区域用 GRAS 进行调平。已知“机械设备修理业”分拆后 5 部门后的总投入和总产出、除交叉区域外的其他部门的产出数，可以得到交叉区域各行、列的和，将得到的交叉区域的行和、列和作为控制数，通过 GRAS 方法，即可得到相应的交叉区域的数值。

表 3－8　机械设备修理业拆分比例

产品部门	拆分比例
通用、专用设备制造业	0.44762
交通运输设备制造业	0.1901
电气机械及器材制造业	0.1899
通信设备、计算机及其他电子设备制造业	0.1278
仪器仪表及文化办公用机械制造业	0.0446

机械设备修理业拆分到各部门后交叉区域各行行和数值

＝拆分后总产出－最终使用调整值－除交叉区域外的各产品部门的产出之和

＝拆分后中间使用合计－除交叉区域外的各产品部门的产出之和

2. 邮电通信业

“邮电通信业”要拆分成“邮政业”和“信息传输、计算机服务软件业”共2个产品部门，相应的比例参考1997年比例值。

3. 综合技术服务业

1992年投入产出表未拆分前的“综合技术服务业”包括按统一分类标准下的“农林牧渔服务业”“水利业和地质勘探业”“咨询服务业（归入其他社会服务业）”“综合技术服务业”。因此也按照上述方法，通过借鉴1997年表相应比例进行拆分。交叉区域用GRAS调平。拆分后“农林牧渔服务业”并入“农林牧渔业”。

4. 公用事业

1992年投入产出表未拆分的“公用事业”包含按照统一分类标准下的“其他交通运输及交通运输辅助业”和“环境和公共设施管理业”，而1997年、2002年、2007年表已无“公用事业”这一产品部门。因此应对这一项进行拆分，通过1997年投入产出表得到“其他交通运输及交通运输辅助业”和“环境和公共设施管理业”相应的拆分比例，并按照上述方法进行拆分，GRAS调平交叉区域后，将“其他交通运输及交通运输辅助业”并入“交通运输和仓储业”，将“环境和公共设施管理业”和“综合技术服务业”拆分得到的“水利业和地质勘探业”并入“地质勘探、水利环境和公共设施管理业”。

5. 居民服务业

1992年投入产出表未拆分的“居民服务业”包含按统一分类标准下的“居民服务业”“旅游业”“旅馆业”“娱乐服务业”。与上述拆分相似，按照1997年相应的产品部门确定拆分比例，最后通过GRAS对交叉区域进行调平。将得到的“旅游业”与“综合技术服务业”拆分得到的

“其他社会服务业”并入“租赁和商务服务业”；将“旅馆业”和“饮食业”并入“住宿和餐饮业”；将“娱乐服务业”并入“文化体育和娱乐业”。

对其他各基准表的处理方法与 1992 年表类似，1997 年表涉及“机械设备修理业”和“公用事业”拆分，2010 年表中涉及“工艺品及其他制造业”拆分，2012 年表涉及“金属制品、机械和设备修理服务”和“专业技术服务”拆分，2002 年、2007 年表不涉及拆分处理。通过对各年基准表的合并与拆分，最终获得部门分类一致的 42 部门表，为建模等工作做了较好的前期准备。

最后，还需要对投入产出表的结构布局作出一定调整。第一，仅 2017 年的投入产出表不含“其他”项，由于该项仅为调整项，故在后续核算过程中，将其计入“最终使用合计”，即：最终使用合计调整值 = 最终使用合计 + 其他。第二，按照中国投入产出表的结构布局，投入产出平衡关系为“总产出 = 中间使用 + 最终使用 - 进口 = 中间投入 + 增加值 = 总投入”，由于考虑净出口数据往往会出现负值导致后续计算中的问题，故在此统一将进口列数据转化为行数据，并添加在增加值部分后，使得调整后的投入产出平衡为“中间使用 + 最终使用 = 调整后的总产出 = 调整后的总投入 = 中间投入 + 增加值 + 进口”，但为了精简名称，后续文中仍以总产出和总投入相称。

3.3 建立预测模型

正如上一章所述，已知年份的基准表存在一定的约束条件，因此无论是更新内插年份的投入产出表还是预测未来年份的投入产出表，都要经过 MTT 方法解约束过程，在解除投入产出原始矩阵 X 约束条件的基础上，通过对矩阵 Y 和矩阵 Z 中无约束元素建立相应的预测模型，再将预测得到的结果经 MTT 方法反变换得到内插表和外推表。

3.3.1 基准表投入产出矩阵的解约束

经过前面的数据处理，已知年份的基准表可简化成矩阵 X^{1992}、X^{1997}、X^{2002}、X^{2007}、X^{2012}、X^{2017}。以 2012 年投入产出表的 42 产品部门表为例，即矩阵 X^{2012}，如表 3－9 所示。

表 3－9　2012 年 IO 表 43×43 矩阵 X^{2012}　　单位：万元

	1	2	3	4	5	…	42	43
1	123205603	154357	4047	43953	47673	…	0	235492160
2	54132	35955974	315734	748492	649335	…	306445	－12608932
3	0	63373	1012993	87490	90972	…	0	－137654433
4	0	129046	67	17824613	178422	…	0	－82821859
5	5417	624613	12749523	352473	817158	…	15	－3415058
…	…	…	…	…	…	…	…	…
42	234198	30644	28207	66034	17662	…	1774844	321003008
43	523588159	110951490	74923868	48638942	28019064	…	197706737	

通过解约束除以第 43 列数值可以得到新的矩阵 Y^{2012}，新得到的矩阵除第 43 行数值外，都是无约束的元素，可以直接进行预测。

表 3－10　2012 年 IO 表 43×43 矩阵 Y^{2012}

	1	2	3	4	5	…	42	43
1	0.5232	0.0007	0.0000	0.0002	0.0002	…	0.0000	1
2	－0.0043	－2.8516	－0.0250	－0.0594	－0.0515	…	－0.0243	1
3	0.0000	－0.0005	－0.0074	－0.0006	－0.0007	…	0.0000	1
4	0.0000	－0.0016	0.0000	－0.2152	－0.0022	…	0.0000	1
5	－0.0016	－0.1829	－3.7333	－0.1032	－0.2393	…	0.0000	1
…	…	…	…	…	…	…	…	1
42	0.0007	0.0001	0.0001	0.0002	0.0001	…	0.0055	1
43	0.0979	0.0207	0.0140	0.0091	0.0052	…	0.0370	1

对矩阵Y^{2012}第 43 行解约束，除以$y_{43,42}$，可以得到新的无约束的矩阵Z^{2012}。

表 3 - 11　2012 年 IO 表 1 ×42 矩阵Z^{2012}

1	2	3	4	5	…	41	42
2. 6483	0. 5612	0. 3790	0. 2460	0. 1417	…	0. 1785	1

通过上述方式，分别对X^{1992}、X^{1997}、X^{2002}、X^{2007}、X^{2017}进行矩阵的解约束，得到矩阵Y^{1992}、Y^{1997}、Y^{2002}、Y^{2007}、Y^{2017}及矩阵Z^{1992}、Z^{1997}、Z^{2002}、Z^{2007}、Z^{2017}，从而对无约束元素建立预测模型。

3.3.2　内插年份预测模型

对于 1992—2017 年的投入产出表，采用直线内插法将 1992—2017 年的数据补齐。连续基准年的两年间数值用两点连线上的值来确定，基于此，利用 Matlab 编程可以获得预测出的 1992—2017 年内插部分的无约束 Y 矩阵和 Z 矩阵。

在预测过程中，发现存在一些问题。由于实际投入产出表的第 I 象限里面的点经济学意义表示的一个产品部门对于另一个产品部门的投入或使用情况，因此，第 I 象限不应存在负值，这就要求 $y_{ij}(i = 1,2,\cdots,42;j = 1,2,\cdots,42)$ 里面的同一行的元素正负号相同，才能保证通过反变换后得到的第 I 象限的点均为非负值。由于在内插表进行直线插值补齐中间年份的点时，每个点都进行时间序列的单独预测，因此，无法保证基准年份间的中间内插年份同时为正或负。

以点 $y_{14,20}$ 为例，其内插曲线图如图 3 - 1 所示，可以看到 2002—2007 年的直线走势，数值由负转正。

2003—2006 年的数据按照直线预测得到的结果如表 3 - 12 所示。

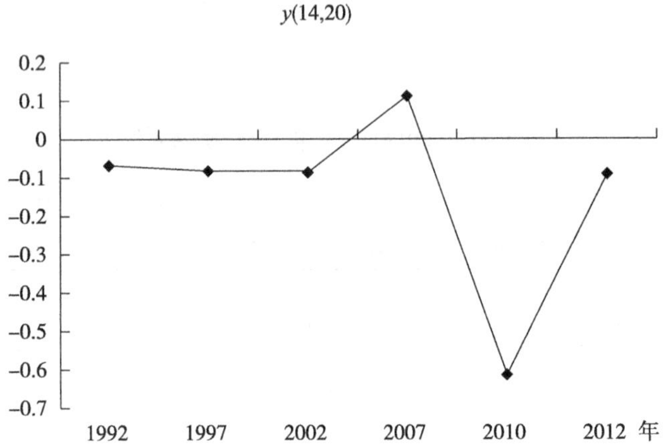

图 3－1　$y_{14,20}$1992—2012 年内插曲线图

表 3－12　2003—2006 年$y_{14,20}$预测得到的内插数值

年份	y(14,20)
2003	－0. 04703608
2004	－0. 00717739
2005	0. 03268130
2006	0. 07253999

将这些数值与 2003—2006 年第 14 行 $y_{14,j}(j=1,2,\cdots,42)$ 的其他数值对比后发现，2004 年的其他数值绝大多数为正值，因此为了使得反变换得到的第 I 象限的 14 行的值为非负值，以 $y_{14,j}(j=1,2,\cdots,42)$ 的绝大多数值为准，需调整通过直线内插预测得到的 2004 年的 $y_{14,20}$ 值，通过比较，2004 年 $y_{14,20}$ 的预测值与 2003 年、2005 年得到的预测值相差的值比较接近。因此，调整 2004 年的 $y_{14,20}$，将预测值－0. 00717739 调整为 0。

通过对内插年份预测值的调整，按照一定的原则，将相同行正负号不同的预测值 $y_{ij}(i=1,2,\cdots,42;j=1,2,\cdots,42)$ 手动调整为符号相同的数值，由此得到的预测值即为最终的内插年份的预测值。

3.3.3 外推年份预测模型

对于外推年份的预测部分，分别对矩阵 Y 中元素 $y_{ij}(i = 1,2,\cdots,42;$ $j = 1,2,\cdots,42)$ 及矩阵 Z 中元素 $z_j(j = 1,2,\cdots,41)$ 构建时间序列预测模型，得到预测出的 Y 矩阵和 Z 矩阵后，根据反变换方法即可得到预测的投入产出表。反变换的过程中需要预测外生变量 $x_{(n+1)(n+1)}$，即国内生产总值（GDP），可直接使用各年的 GDP 值以及预测出的 GDP 值作为 $x_{(n+1)(n+1)}$ 的值。

然后，对第Ⅱ象限和第Ⅲ象限建立成分数据矩阵。通过比率变换方法，对该原始成分数据矩阵解除约束，得到无约束的矩阵，然后对无约束成分数据建立预测模型，内推部分采用直线内插法，外推部分逐个建立预测模型。得到预测矩阵后，对无约束成分矩阵反变换得到相应的增加值和最终使用各成分的比例，反变换得到各年的增加值和最终使用成分比例。

鉴于投入产出表自身的约束条件，现有的方法大致分为两类：其一，先将约束解开，对无约束数据拟合预测再反变换回约束矩阵；其二，直接对有约束的原始数据进行预测变换，再结合一些投入产出模型等方法进行迭代调整计算，使得预测结果恢复约束。而满足加和约束的投入产出时间序列数据在一定程度上也符合层次时间序列的要求，本章3.4节简要介绍层次时间序列预测方法（HTS 方法）对投入产出表进行预测的原理与方法。

3.4 层次时间序列预测（HTS 方法）

3.4.1 层级数据预测方法原理

层次时间序列预测方法可以运用于有加和约束的时间序列预测，该方法首先会对所有层次的全部数据进行独立预测，然后使用回归模型优化、调整这些预测数据，使其满足上层节点的加和约束，并使得其在所有组合预测中具有最小的方差。

对于一个多级层次的数据结构，定义其完全聚合的序列层级 $K=0$，该数据层级为初始父节点，该父节点下的全部子节点数据层级 $K=1$，依次类推，直至层级 K 包含分解得到的最多子节点。为了更加直观地考虑，我们假定一个 $K=3$ 的层级数据，其完全聚合的数据为总量 Total；一层数据节点可以简单地以单个字母表示，如 A；二层数据节点以双字母表示，其首字母为对应的上层数据节点，如 AB 代表一层节点为 A 的二层第二个数据；三层数据节点则依次由三个字母表示，如 ABC 代表一层节点为 A 且二层节点为 B 的三层第三个数据，那么三层数据结构可以表示为图 3-2。

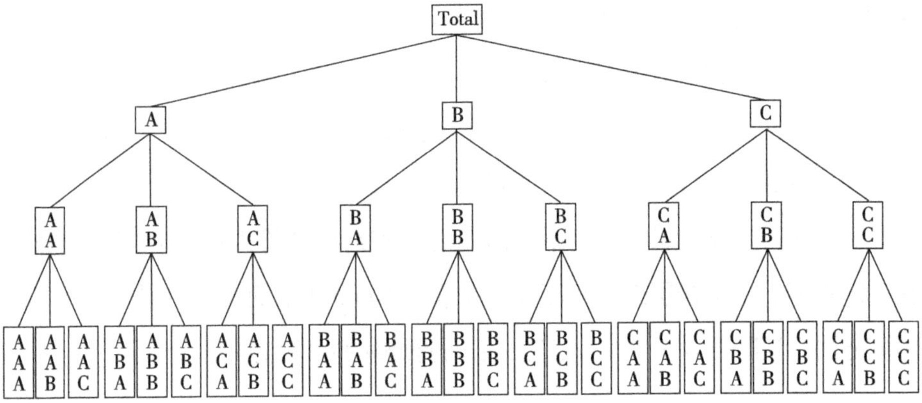

图 3-2　$K=3$ 的层级数据示例

假定观测的每个时间序列数据时期数 $t=1,2,\cdots,n$，预测的时期数 $t=n+1,n+2,\cdots,n+h$，以 X 代表需要预测的序列，各个层级数据的观测序列可以记为 $Y_{X,t}$，而总体的聚合序列观测值记为 Y_t，那么各个层级在时期 t 的数据满足其在父节点处的加和约束。

$$
\begin{aligned}
Y_t &= \sum\nolimits_i Y_{i,t} \\
Y_{i,t} &= \sum\nolimits_j Y_{ij,t} \\
Y_{ij,t} &= \sum\nolimits_k Y_{ijk,t}
\end{aligned}
\tag{3.5}
$$

其中，i、j、k 依次表示各个层级所属父节点对应的子节点数，在本例中它们的取值为 1、2 或 3。

令 $m_i(i = 0,1,\cdots,K)$ 表示各个层级对应的全部节点数，那么 $m_i > m_{i-1}$ 且全部数据节点数 $m = m_0 + m_1 + \cdots + m_K$，在本例中，$K = 3$ 且 $m_i = 3^i$，故 $m = 40$。

接下来，令矩阵 $Y_{i,t}$ 表示 t 时期层级 i 的全部观测序列，记 $Y_t = [Y_t, Y_{1,t}, \cdots, Y_{K,t}]^T$，引入一个 $m \times m_K$ 维的求和矩阵 S，那么，

$$Y_t = S\,Y_{K,t} \tag{3.6}$$

本例中，$Y_t = [Y_t, Y_{A,t}, Y_{B,t}, Y_{C,t}, Y_{AA,t}, Y_{AB,t}, \cdots, Y_{CC,t}, Y_{AAA,t}, Y_{AAB,t}, \cdots, Y_{CCC,t}]^T$，求和矩阵 S 为：

$$
S = \begin{bmatrix}
111 & 111 & 111 & 111 & 111 & 111 & 111 & 111 & 111 \\
111 & 111 & 111 & 000 & 000 & 000 & 000 & 000 & 000 \\
000 & 000 & 000 & 111 & 111 & 111 & 000 & 000 & 000 \\
000 & 000 & 000 & 000 & 000 & 000 & 111 & 111 & 111 \\
111 & 000 & 000 & 000 & 000 & 000 & 000 & 000 & 000 \\
000 & 111 & 000 & 000 & 000 & 000 & 000 & 000 & 000 \\
\vdots & \vdots & \vdots & \vdots & \vdots & \vdots & \vdots & \vdots & \vdots \\
000 & 000 & 000 & 000 & 000 & 000 & 000 & 000 & 111 \\
100 & 000 & 000 & 000 & 000 & 000 & 000 & 000 & 000 \\
010 & 000 & 000 & 000 & 000 & 000 & 000 & 000 & 000 \\
\vdots & \vdots & \vdots & \vdots & \vdots & \vdots & \vdots & \vdots & \vdots \\
000 & 000 & 000 & 000 & 000 & 000 & 000 & 000 & 001
\end{bmatrix}_{40\times 27}
\tag{3.7}
$$

首先，我们分别计算各个级别的所有序列在 $t = n+1, n+2, \cdots, n+h$ 的预测值并相应记为 $\hat{Y}_{X,n}(h)$，对应地，将这些基础预测数据依次排列记为矩阵 $\hat{Y}_n(h)$，接下来，需要对这个矩阵进行调整校准，如公式（3.8）所示。

$$\tilde{Y}_n(h) = SP\hat{Y}_n(h) \tag{3.8}$$

其中，矩阵 P 是一个 $m_K \times m$ 维的调整矩阵，它主要用于提取并合并基础预测值中的相关要素，再结合求和矩阵 S 的运算后能够得到修正后的分层预测值。

以自上而下的预测方法为例，我们设定矩阵 P 为：

$$P = [0_{m_K \times (m-m_K)} \mid I_{m_K}] \tag{3.9}$$

其中，矩阵 0 表示其中元素全为 0，矩阵 I 为单位阵，那么矩阵 P 仅提取基础预测值中的底层数据。此外，还有自下而上和中间突破的方法，其中的矩阵 P 设定各不相同，可以说，无论采取何种方式，关键在于矩阵 P 的设定。

此外，如果我们假定基础预测值是无偏的，即 $E[\hat{Y}_n(h)] = E[Y_n(h)]$，同时，我们希望修正后的层级数据也是无偏的，那么需要满足 $E[\tilde{Y}_n(h)] = E[Y_n(h)] = SE[Y_n(h)]$。假定底层数据的预测值的平均值为 $\beta_n(h) = E[Y_{K,n+h} \mid Y_1, \cdots, Y_n]$，那么 $E[\tilde{Y}_n(h)] = SPE[\hat{Y}_n(h)] = SPS\beta_n(h)$，所以，修正过程中必须要保持 $SPS = S$ 这个无偏性约束。经过学者们的计算研究，只有自下而上的方法可以满足上述条件，也就是说，自上而下的预测方法得到的是无偏估计。

令 $\sum_h$ 表示基础预测值的方差，那么修正预测值的方差可以被表示为：

$$Var[\tilde{Y}_n(h)] = SP\sum_h P^T S^T \tag{3.10}$$

因此，如果 $\sum_h$ 可以被可靠地估计，我们甚至可以计算出修正预测值的预测范围，且公式（3.10）同时适用于自上而下、自下而上和中间突破方法。

上述为基础的层级数据预测方法原理，可以在 R 语言中通过加载相应的程序包实现相关计算。

3.4.2 应用：基于 HTS 方法外推预测中国 2018—2025 年投入产出表

首先，我们将完整的投入产出矩阵进行合并工作，对于第Ⅰ象限的中间流量矩阵，保持各个元素不变，记为 $x_{ij}(i,j=1,\cdots,n)$；将第Ⅱ象限的最终使用矩阵求行和后并为一列，各个元素记为 $x_{i(n+1)}(i=1,\cdots,n)$；将第Ⅲ象限的增加值和进口矩阵求列和后合并为一行，各个元素记为 $x_{(n+1)j}(j=1,\cdots,n)$；再将空白部分按照公式（3.11）进行填补：

$$\begin{cases} x_{(n+1)(n+1)} = \sum_{j=1}^{n} x_{(n+1)j} \\ x_{(n+1)(n+2)} = \sum_{j=1}^{n+1} x_{(n+1)j} \\ x_{(n+2)(n+1)} = \sum_{i=1}^{n+1} x_{i(n+1)} \\ x_{(n+2)(n+2)} = \sum_{i=1}^{n+1} x_{i(n+2)} \end{cases} \tag{3.11}$$

我们得到一个简化了的完整投入产出矩阵 X，它仍然满足先前的所有约束条件，如公式（3.12）所示：

$$X = \begin{bmatrix} x_{11} & \cdots & x_{1n} & x_{1(n+1)} & x_{1(n+2)} \\ \vdots & \ddots & \vdots & \vdots & \vdots \\ x_{n1} & \cdots & x_{nn} & x_{n(n+1)} & x_{n(n+2)} \\ x_{(n+1)1} & \cdots & x_{(n+1)n} & x_{(n+1)(n+1)} & x_{(n+1)(n+2)} \\ x_{(n+2)1} & \cdots & x_{(n+2)n} & x_{(n+2)(n+1)} & x_{(n+2)(n+2)} \end{bmatrix} \tag{3.12}$$

在公式（3.12）中，为了便于理解，我们将第（$n+1$）行和第（$n+1$）列看作是第（$n+1$）个部门，将第（$n+2$）行和第（$n+2$）列看作是第（$n+2$）个部门，即在本小结的应用中将投入产出矩阵看作是44个部门的数据表。

此时，我们从行和与列和的角度来看待矩阵X。首先，它由44个部门的基础元素数据$x_{ij}(i=1,\cdots,44,j=1,\cdots,43)$组成，最后一列$x_{i,44}(i=1,\cdots,44)$中的元素仍然可以被看作各个部门的总产出，即$x_{i,44}=\sum_{j=1}^{43}x_{i,j}(i=1,\cdots,44)$；其次，对于第44列元素而言，对它们求和将得到44个部门总产出的总和，即$\sum_{i=1}^{44}x_{i,44}$，这是矩阵X的一个总指标。那么，投入产出矩阵的约束问题就可以转化为一个层次数据求和的问题，而层次时间序列预测方法（HTS方法）正好可以解决这一类数据的预测问题。

当待估时间序列之间存在加和约束的层次关系时，就需要采用HTS方法来进行满足约束的预测。传统的HTS方法主要包括自上而下、自下而上和中间突破这三类，顾名思义，上述三者指的是从数据中相应的某一层开始预测，并通过上下层的汇聚与分配关系进行约束调整，但这些方法只能较为充分地使用某一层的信息进行预测，无法同时使用所有层次的序列信息，再加上每层数据都有其不同的优势和劣势，因此，如果能设计出一种同时考虑全部序列信息的方法，使得各个层次信息互补，将大大提高整体预测的效果。

目前，我们可以采用学者们提出的基于校准的层次预估方法，这种方法将层次数据的估计问题抽象为三个步骤：首先，分别估计每个序列的值作为基础估计结果；其次，利用层次约束信息对每个上级节点直接下属的层级数据进行校准作为校准结果；最后，基于底层数据的校准结果，采用自下而上的方法逐层进行估计与校准工作。

在投入产出表中使用 HTS 方法进行预测，那么公式（3.12）所示的投入产出矩阵 X 可以被看作是一个 $K=2$ 的层级数据，定义 44 个部门的总产出合计数据的层级 $K=0$；各部门的总产出数据层级 $K=1$，共计 44 个，各个部门的基础元素数据为底层数据，其层级 $K=2$，共计 1892 个。投入产出矩阵的分层数据结构如图 3-3 所示，总计共有 1937 个待估数据。

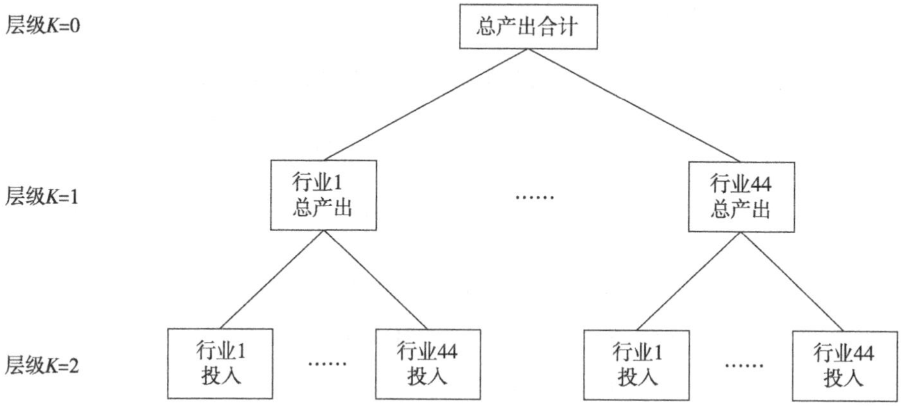

图 3-3　投入产出矩阵的分层数据结构图

如图 3-3 所示，以各行业投入为底层数据，行业总产出为中层数据，全部行业总产出合计为顶层数据，处于相对底层的数据求和可以得到上一层级的数据，那么就将投入产出表的内部一致性约束转化为求和等式或聚合约束。我们将多个时间段的投入产出序列表依次进行上述的数据重排，就可以得到投入产出分层时间序列，结合 ARIMA 等时间序列预测方法，可以直接在 R 中实现预测工作。

3.5　MTT 数据库与 WIOD、CIP 及 Eura MRIO 数据库的比较

关于中国的投入产出序列表，国际上有荷兰 Groningen 大学 Timmer

教授团队创建的 WIOD 数据库、Lenzen 等（2013）创建的 Eora MRIO 数据库、Harry X. Wu 和 ITO Keiko（2015）创建的 CIP 数据库，这些数据库都包括了中国的 IOT 表[①]。本节探讨基于 MTT 方法预测得到的 CIOD 数据库与 WIOD 数据库、Eora MRIO 数据库、CIP 数据库等 3 个数据库中的中国结果进行样本内（1992—2010 年）对比，评价它们的优劣。

表 3 - 13 是 4 个数据库的基本情况对比。

表 3 - 13　有关中国 IOT 表的 4 个数据库基本情况对比

数据库	部门数	时期	分类标准	单位
WIOD	35	1995—1999 年	国际标准产业分类	百万美元
	56	2000—2014 年		
CIP	37	1981—2010 年	中国国民经济核算和 EU - KLEMS 分类	百万元人民币
Eora MRIO	123	1970—2013 年	中国国民经济行业分类	美元
CIOD	42	1992—2020 年	中国国民经济行业分类	万元人民币

为了对 4 个数据库的数据进行比较，首先按照同样的标准将 4 个数据库 IO 表都合并成了 22 个部门，并通过当年的汇率将单位统一成为万元。最终可比的投入产出表包括 22 个部门，因此在投入产出表的第 I 象限一共有 22 × 22 = 484 个元素。对每个元素我们都画出了一张对比图，这里我们展示其中的 8 张图（见图 3 - 4）。

从图 3 - 4 中可以看出 CIOD、WIOD 和 CIP 3 个数据库的数据基本上有一个相似的趋势，并且与基准表也基本吻合，但是 Eora MRIO 数据库中的一些点的趋势和其他 3 个数据库差别较大，也和基准表的数据差别较大。特别是在金融业对金融业的投入中，Eora MRIO 数据库显示的一直是 0 而其他 3 个数据库以及基准表中都不是 0。

① WIOD 数据库和 CIP 数据库，均采用 RAS 方法进行投入产出表的预测工作。

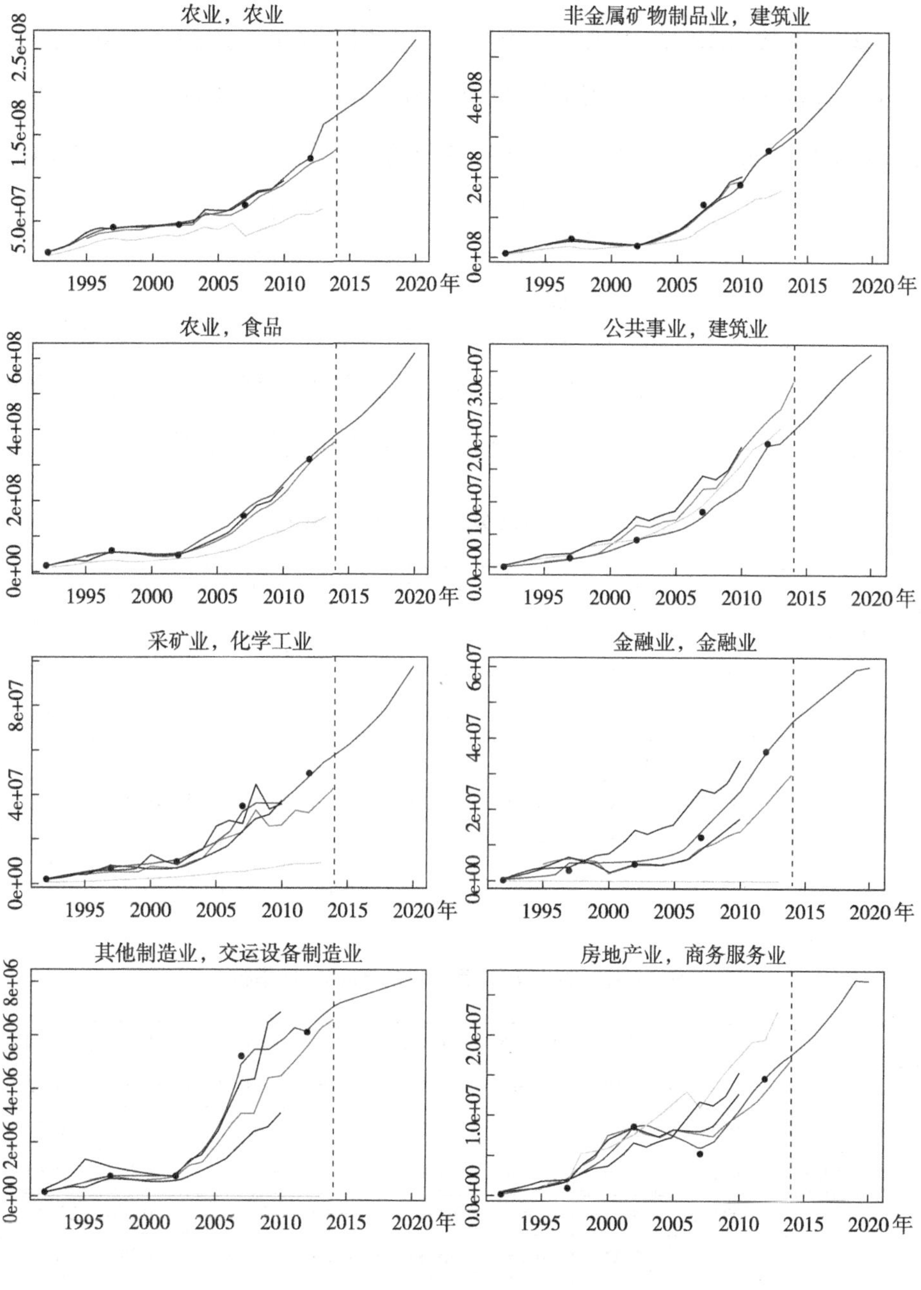

图 3－4　四数据库和基准表八元素对比

为了进一步探究 CIOD 数据的可靠性，接下来从整体的、定量的角度来比较 4 个数据库中的中国投入产出表示数据，这里采用的是国际上通行的两个评价指标：标准化误差百分比（Standardized Total Percentage Error，简称 STPE；Miller and Blair，1985）、锡尔系数（Theil's U；Theil，1971）。

$$STPE = 100\sum_{i=1}^{n+1}\sum_{j=1}^{n+1}|x_{ij}^{*} - x_{ij}| / \sum_{i=1}^{n+1}\sum_{j=1}^{n+1}x_{ij} \tag{3.13}$$

$$U = \left[\sum_{i=1}^{n+1}\sum_{j=1}^{n+1}(x_{ij}^{*} - x_{ij})^{2} / \sum_{i=1}^{n+1}\sum_{j=1}^{n+1}x_{ij}^{2}\right]^{1/2} \tag{3.14}$$

分别以 WIOD 数据和国家统计局数据为基准计算了 4 个数据库的这两个指标，以 WIOD 为基准的结果如表 3－14 和表 3－15 所示。

表 3－14　以 WIOD 为基准的 STPE 指标

	1995 年	1996 年	1997 年	1998 年	1999 年	2000 年	2001 年	2002 年
CIOD	28.2	26.3	24.5	22.5	22.2	24.3	22.7	22.8
CIP	36.2	24.9	19.7	19.8	21.3	14.4	12.7	13.3
Eora MRIO	83.6	85.3	85.1	84.5	83.1	82.8	81.2	80.1
	2003 年	2004 年	2005 年	2006 年	2007 年	2008 年	2009 年	2010 年
CIOD	33.9	23.6	24.0	22.0	23.2	19.7	20.5	24.8
CIP	15.1	16.9	17.2	17.9	20.7	19.5	18.4	22.8
Eora MRIO	82.7	86.0	89.0	89.0	89.4	89.1	89.1	89.3

表 3－15　以 WIOD 为基准的 Theil's U 指标

	1995 年	1996 年	1997 年	1998 年	1999 年	2000 年	2001 年	2002 年
CIOD	0.31	0.28	0.30	0.25	0.25	0.23	0.26	0.32
CIP	0.39	0.28	0.23	0.23	0.21	0.17	0.17	0.21
Eora MRIO	0.77	0.79	0.79	0.83	0.83	0.86	0.86	0.85
	2003 年	2004 年	2005 年	2006 年	2007 年	2008 年	2009 年	2010 年
CIOD	0.55	0.31	0.28	0.30	0.36	0.30	0.29	0.36
CIP	0.25	0.27	0.25	0.23	0.24	0.20	0.16	0.19
Eora MRIO	0.87	0.89	0.91	0.91	0.90	0.89	0.89	0.90

从表 3－15 中可以看到，CIOD 和 CIP 数据库的标准化误差百分比要明显低于 Eora MRIO 数据库。1995—2010 年，CIOD 的最大标准化误差百分比是 1995 年的 33.9，最小的是 2008 年的 19.7；CIP 的最大、最小标准化误差百分比分别是 1992 年的 36.2 和 2001 年的 12.7；而 Eora MRIO 的最大、最小标准化误差百分比分别是 2007 年的 89.4 和 2002 年的 80.1。表 3－16 中的锡尔系数展现的数据和表 3－15 相似。从这个结果看，如果以 WIOD 为标准，那么 CIOD 的数据是可靠的。

以国家统计局公布的基准年份数据作为基准计算的 4 个数据库的误差指数如表 3－16 所示。

表 3－16　以统计局数据为基准的 STPE 和 Theil's U 指标

	1992 年		1997 年		2002 年		2007 年		2012 年	
	STPE	U	STPE	U	STPE	U	STPE	U	STPE	U
CIOD	6.2	0.07	5.2	0.05	3.4	0.04	7.4	0.08	1.5	0.02
CIP	20.5	0.18	20.5	0.16	13.7	0.15	23.4	0.23		
WIOD			25.7	0.27	18.9	0.25	22.9	0.32	20.7	0.20
Eora MRIO	86.6	0.80	85.8	0.81	80.3	0.87	91.0	0.93	92.5	0.92

从表 3－16 可以看出 CIOD 数据库在基准年与国家统计局公布的数据误差最小，无论是标准化误差百分比还是锡尔系数都要低于其他 3 个数据库，这进一步说明了我们在 MTT 法下构建的中国投入产出表数据库是可靠的。

4. 中国投入产出表季度序列表的构建

编制投入产出表的重要目的即直观地反映部门之间价值的流动。传统的投入产出表主要在行业、区域和时间三个分析维度上进行汇总编制。对于行业和区域维度，已经有学者在此领域研究出许多较为成熟的分析技术，但是这些技术往往忽略了时间维度的经济结构波动，如随着时间的推移可能产生的季节性的部门生产变化，或者突发事件对经济体可能带来的短期性的巨大冲击等。此外，经济体内各部门的市场份额可能随着各个时期监管部门的政策、导向等客观条件的改变而发生变化；近年来大力推进的供给侧结构性改革、产业革新及技术创新带来的生产技术的进步，也可能在一定程度上改变经济体内各部门间的相互依存关系；市场上的商品与服务的价格本身的季节性波动，可能也会对一些产业的生产结构造成影响，比如，生产所需的原材料的应季性、劳动力供给的应季性等。如果不考虑这些时间维度上生产计划与成本的变化、不对相应的投入产出分析技术作出调整，就有可能产生估计误差，甚至严重地影响到对部门经济结构的分析。

针对投入产出表的第三个分析维度——时间，到目前为止，已经有一些学者研究出了一些技术对投入产出表进行时间维度的分解，但是这些技术基本都隐含着一个基本假设——一个经济体全年的经济结构是同质的，即经济体的结构具有跨时同质性。基于这样一个默认的假设，这些已有的时间维度的方法在分析过程中，基本上都只考虑了年内各期经济流量总和与年末经济总流量的匹配程度，并没有考虑年内各个时期行业间经济依存关系可能发生的变化，从而忽视了实际上年内行业间经济结构可能发生的变化。此外，随着时间的推移，一些突发事件对经济结构也可能存在短期的不均匀的冲击影响，如果仍旧默认年内经济结构具有跨时同质性的假设，难免会使得相关模型与方法的预测分析结果与经济事实严重不符。因此，当我们期望能够观察到一年内不同时期表现出的不同部门间经济结构时，我们的研究方法就需要考虑到时间维度的变化问题，即生产结构具有跨时异质性，这也进一步显示出时间维度的投入产出表分析研究十分重要。

中国自 19 世纪 50 年代末、60 年代初引入投入产出技术，而中国的投入产出表的编制工作自 1987 年才开始逐渐规范化。但是，基于中国的投入产出表进行国民经济的相关研究与分析，仍然存在几个明显的限制因素。其一，我国投入产出表的编制与发布存在时滞现象。首先，投入产出表中的数据一般来源于区域经济调查，为保证数据的准确性，这样的经济调查过程往往比较漫长，而且会耗费大量的人力物力；其次，投入产出表本身的编制需要根据调查所得的数据不断进行调整，才能使得投入产出表中各经济部门的总产出与总投入相等，这一过程本身就具有一定的复杂度。因此，在国民经济运行一段时间之后，往往还需要较长的时间对该时期的区域经济数据进行统计和整理，才能编制出对应的投入产出表。其二，为了尽量减少上文中提到投入产出表编制过程中存在的成本问题，中国每五年进行一次调查性的投入产出表编制工作，但是，以五年为周期的期间间隔较长，导致不能直接使用表中数据去研究间隔时期内中国国民经济部门间相互依存关系和部门经济结构的变动情况，如季节性或突发事件所带来的各部门经济的短期波动变化等，更不必说探究各个经济部门的周期性生产变化情况。综上所述，对于相隔五年的中国投入产出表进行时间序列预测分析，以缩短投入产出表的时间间隔、提高投入产出表的公布频率，对于了解中国的经济结构变化、适时进行经济市场政策干预、把握中国经济发展进程具有重要意义。

4.1 投入产出表分解技术综述

目前已经有相当多的学者在投入产出表的预测分解方法领域进行了大量的相关探索和研究。基于投入产出表的编制过程所需投入的时间、人力等成本较大的问题，大多数国家和地区的投入产出表的官方发布都存在时滞现象。这些客观因素虽然给直接使用投入产出表数据进行相关经济研究带来了不便，但从另一个层面来看，它们也在一定程度上刺激了投入产出表更新技术的发展与进步。目前，投入产出表的更新与编制方法主要可以分为非调查方法和混合型的方法。

非调查方法主要用于区域维度的分解。在这一类方法中，通常将国家的投入产出表当作分解调整的基础，并在此之上使用一些区域性的指标进行相关的计算以达到分解预测的目的。其中在区域性指标中，最有代表性的是定义出的一种位置商参数，这个参数通过评估特定部门相对于国家在该地区的集中度来衡量该部门满足其自身区域需求的能力，同时，在这类方法的使用过程中，假设特定区域的经济部门保持与国家相应的经济部门相同的技术水平，从而直接通过位置商参数重新调整该区域的相关生产系数，并根据这些调整后的系数，对投入产出表进行区域分解。

在非调查方法的使用中，存在着几个假设，Richardson（1985）将它们总结为以下几个方面：国家和地区之间的要素生产率和消费份额相等；国家和地区的部门产业包括相同的产品组合；在区域经济中，任何一个有出口的行业都会充分满足当地市场的需求，而且国家对于该行业的相关产出既不出口也不进口。然而，Crosson（1960）提出，虽然对于一些部门来说，上述的假设是成立的，但是在一定程度上，国家和地区产品的异质性对投入产出分解技术的性能存在显著的影响，所以考虑到实际的经济结构，这些假设并不合理。通过更深入地学习非调查方法并进行相关的研究总结，Tohmo（2004）也指出了上述假设的局限性，他认为这种限制性的假设会导致估计结果产生系统性偏差，从而导致投入产出表的分解结果与实际的经济情况不符。

而混合型的方法则是指一类将非调查方法和官方数据相结合的方法，这一类方法主要通过提高投入产出表的约束条件的一致性来改善非调查方法的估计结果，并且已经被成熟地应用于投入产出表的更新和区域分解中。但是，考虑到可与投入产出表结合使用的官方信息的有限性，这一类方法面临着提高预测精度和降低外部信息依赖程度之间的权衡问题。

在混合型方法中，最基础的是比例单变量方法，这一类方法通过在基础投入产出矩阵的行或列上一致地应用校正因子进行调整，达到预测分解的目的。由于行和列的数据在投入产出框架中都是有经济意义的，因此在调整基本矩阵时需要时刻考虑数据背后展现的经济结构，否则，由此种方法得到的投入产出表，其内部经济结构可能已经被打破，甚至已经失去了实际的经济意义。

为了避免上述比例单变量方法可能导致的问题，在行和列这两个维度上同时增加约束条件的比例双变量方法被提出，这一类方法相对于单变量方法保持了经济结构内部的稳定性，从而增强了预测结果的稳健性。在比例双变量模型的应用中，最普遍且较成熟的是 RAS 方法（Stone，

1964)，这种方法对外部信息的要求较低、信息易处理且整个计算调整过程也较为保守。RAS 方法的保守调整过程导致每一步计算中信息利用率较低。虽然这样的计算过程可以保证每一步预测的结果矩阵都尽可能地接近于先前的矩阵，从而更好地保持经济体内各部门间的经济结构，但是，这样保守的计算过程也就相当于隐含了经济周期之间具有相对一致的结构关系的假设。因此，当基准年与预计期间之间的经济结构变化很大时，RAS 方法将不再适用于进行投入产出矩阵的预测分析。

为了解决上述比例双变量方法的局限性，学者们针对目标函数提出了其他替代公式，如添加惩罚项和平方差等约束的方法。同时，为了缓解 RAS 方法的计算保守性并减轻这种方法的一些约束，提出了一些改进该方法的扩展方法，如 Gilchrist 和 Louis（1999）提出的三比例算法（TRAS），这种方法通过在每次迭代结束时执行额外的调整步骤来适应传统计算过程中的约束条件。

尽管 RAS 方法有相应的扩展形式，但这一类方法都需要目标分解时期投入产出表的行和与列和的信息，而这些数据通常都没有正式发布，所以在采用这一类方法进行投入产出表的预测分解时，必须要先对外部数据进行估计，又鉴于这一类方法的估计过程对约束条件有着高度的敏感性，即使是基础数据准备过程中产生的很小的估计误差，也有可能对最终的计算结果产生重大影响，这无形中增加了投入产出表预测分解的工作量和难度。

为了避免上述方法中需要的基础估计步骤和可能造成的估计误差，2003 年，Beutel 提出了 EURO 方法作为一种替代，这种方法已经被欧盟统计局采用并已经应用于投入产出表的调整工作中。EURO 方法不需要提前对相关数据进行估算，只需要国家统一发布的官方宏观经济数据作为分解过程中的参考指标，这种仅依赖官方统计数据作为外生变量的方法，大大降低了投入产出表估计过程中的不确定性。此外，EURO 方法对于外部信息的需求较低，也在一定程度上避免了计算过程中各项系数可能发生的任意变化，还保持了经济部门间供给与需求变化的一致性。然而，Temurshoev 等（2011）指出，EURO 方法也存在一个缺点，由于在每次迭代计算结束时，这种方法都会独立于先前的计算过程来确定新的校正因子并将其应用于初始投入产出表，所以在迭代更新过程中，EURO 方法的使用并不能保证收敛。

鉴于 EURO 方法的缺点，2008 年，欧盟统计局提出了作为改进方法的 T - EURO 方法，在这种方法中，唯一使用的外部数据为常用的年内 GDP 数据，并以这些数据为参考，将投入产出年表分解为具有特定技术结构的年内表。T - EURO 方法的第一个改进是通过在每次迭代中调整先前的校正因子来确保其收敛性，第二个改进是通过并行求解所有年内表并在每次迭代中施加时间维度的约束，将更新过程转换为分解过程。T - EURO 方法在计算过程中隐含了对年内技术结构的调整，因此，可以观察到季节性生产结构变化。实际应用方面，Avelino（2017）曾将 T - EURO 方法应用于巴西的年度国家投入产出表的预测分解中，根据巴西的官方 GDP 统计数据和投入产出表信息得出季度投入产出表。

本章将介绍如何采用 T - EURO 方法，对中国 1992—2025 年的季度投入产出序列表进行更新与预测。然后，基于季度频率的投入产出表数据，结合投入产出乘数矩阵和 Rasmussen - Hirschman 指数，识别出中国国民经济中的关键部门并探究季度频率上的中国部门经济结构的变化情况。

4.2 研究方法

在不考虑动态网络的相关方法的前提下，T - EURO 方法作为投入产出表的分解方法之一，其计算过程和分解结果都具有良好的性质。

该方法以各季度的分行业 GDP 数据为基础，计算出各经济部门在经济体中所占的比例份额，再以这个比例份额为参考，对投入产出年表进行分解。在分解过程中，需要考虑投入产出表本身的约束条件——内部一致性和时间一致性。其中，内部一致性是指投入产出表内部本身具有的约束，即各部门一段时期内的总投入与总产出相等；时间一致性是指分解后得到的高频年内投入产出矩阵再求和加总所得的投入产出矩阵与实际年度投入产出矩阵相似。

为满足上述约束条件，需要对每一步分解结果不断地进行调整，才能最终得到满足经济结构约束的投入产出年内表，因此，整个分解过程也就成为一个循环计算的过程。在具体的调整过程中，对于内部不一致的中间分解结果，需要结合里昂惕夫需求驱动模型和数量模型进行调整；对于时间不一致的中间分解结果，需要进行时间维度上的调整，使得年内各期的经济流量总和与实际年流量相等，这一步中还需要用到矩阵相似度的一些检验方法。如果分解结果与实际数据的偏差较大，则需要对比例份额进行调整后，再次进入循环计算中，直至偏差低于设定的阈值为止。经过一系列的计算和调整，既可以使计算结果满足约束，又可以使计算过程收敛。

4.3 基础数据

本章的主要研究内容是基于 T－EURO 方法对中国的投入产出表进行时间序列的预测分析，即通过 T－EURO 方法将投入产出表分解为季度频率的年内投入产出表，并根据分解结果探究年内经济结构的变化。结合第 2 章中对 T－EURO 方法的介绍，本节所需的数据除了投入产出表本身以外，还需要国家统计局公布的 GDP 数据。

我国通常每逢尾数为 2、7 的年份会开展统计调查并编撰当年的投入产出表，但为期 5 年的时间间隔较长，不易观察经济的变化，所以每逢尾数为 0、5 的年份会不经过调查，直接根据当年的相关宏观经济数据编撰投入产出延长表。本节主要针对 2017 年的投入产出表进行分析，在后续的经济结构分析中，还需要引入 2015 年的投入产出延长表进行辅助分析，而 2015 年的投入产出表存在调整误差项，在后续计算中将该年的调整误差项归并到价值增值数据中。

国家统计局公布的分行业季度 GDP 数据包含第一产业、第二产业、第三产业这样大类划分的数据，还包括按照农林牧渔业、工业、制造业等 12 个经济部门划分的数据。而中国的投入产出表是按照 149 个经济部门编制的，中国的投入产出延长表则是按照 42 个经济部门编制的，所以在计算前，我们需要按照《中国 2012 年投入产出表部门分类解释及代码》的相关规定，将投入产出表与投入产出延长表统一合并为 12 个经济部门的数据，以和分行业季度 GDP 数据相对应，这 12 个经济部门的名称如表 4－1 所示。

表 4－1　合并后的 12 个经济部门名称

序号	部门	序号	部门
1	农林牧渔业	7	住宿和餐饮业
2	工业	8	金融业
3	制造业	9	房地产业
4	建筑业	10	信息传输、软件和信息技术服务业
5	批发和零售业	11	租赁和商务服务业
6	交通运输、仓储和邮政业	12	其他行业

由于我国的投入产出表数据与 T－EURO 方法计算过程所需数据略有不同，所以需要在计算前对数据进行预处理。首先，我国的投入产出表

在各项数据布局上与 T－EURO 方法所需的数据布局不同。因此，在计算前，还需要对我国的投入产出表的布局进行相应的调整。其次，第 3 章中提到的投入产出表的计算中还包括税收，但是在我国的投入产出表中，并未单独列出各部门的税收数据，而是在统计过程中将税收的相关数据包含在了其他项目中，因此，本节在实际计算过程中，将省略税收这一项的单独计算。

除出口外的最终需求，即除出口外的最终使用包含最终消费和资本形成总额，这两项还包含几个细分的子项，但在后续的计算过程中，为了计算简便，本文将这些子项加总合并为一项，即在除出口外的最终需求 $Y(n \times f)$ 中 $f = 1$。

此外，需要注意的是，由于无法获取中国进出口的季度频率数据，本文在计算中，默认各季度进出口数据的份额比例为对应季度的价值增值份额比例。同时，因为缺少数据，本文所用的份额比例直接由各部门各季度 GDP 数值除以该部门全年 GDP 总和所得。

4.4 1992—2025 年季度投入产出数据

在季度投入产出表的预测分析中，由于 T－EURO 方法不能直接用于季度投入产出表的预测工作，其主要功能是在已知分部门的投入产出信息的基础上对已有的年度产出表进行分解和调平，因此，可以在 T－EURO 方法对 MTT 数据库的年度投入产出矩阵进行分解之后，再利用 MTT 的预测框架对季度投入产出表进行预测。从而实现年度投入产出数据的分解以及季度投入产出表的预测。

本节中季度投入产出表数据库的构建实现的技术路线如下。

第一，对 1992—2019 年的 MTT 中国 42 部门的年度投入产出数据库进行合并，获得1992—2019年的MTT中国11部门的年度投入产出数据库，然后整理1992—2020年11部门的季度增加值数据。

第二，对每一年度的11部门投入产出表做T-EURO分解，得到1992—2019年中国11部门的季度投入产出数据。

第三，利用MTT法对各季度的投入产出矩阵进行解约束。然后利用解约束矩阵的每个元素进行单独的时间序列预测，每个季度的解约束矩阵进行单独的外推预测，之后进行反变换得到2020—2025年中国11部门的季度投入产出数据库。

4.4.1 基于T-EURO方法对年度投入产出表进行分解

原始的T-EURO方法对数据的需求主要有以下几个方面。首先，T-EURO数据需要完整的年度投入产出表基准数据；其次，需要季度分行业增加值数据、最终需求数据、进出口数据、生产税额数据等。但是，目前中国的实际数据情况是只有年度投入产出数据以及分行业的季度增加值数据。此外，在数据的统计口径上，国内的投入产出表和国际上一些主要国家的投入产出表相比具有一定的差异，国外的生产税净额往往从增加值数据中剥离出来，作为投入产出矩阵第Ⅲ象限的重要组成成分，而中国的投入产出表往往将生产税净额加总到增加值中成为一个整体。此外，出口数据往往被设置在投入产出矩阵的第Ⅲ象限，这样能够更清晰地观察到总需求和总产出的各自组成。但是，国内的投入产出表往往将进出口放在一起以便观察进口出口的差异，有些年份则将两者进行合并。在这种情况下，本节对T-EURO的方法实施部分改进。主要改动体现在以下三个方面。

首先，我们需要对T-EURO方法中投入产出表的结构进行调整。具体调整如下。

$$
{}^{E}IO\,T^{0} = \begin{bmatrix} {}^{E}Z^{0} & {}^{E}Y^{0} & {}^{E}e^{0} \\ {}^{E}v^{0} & sum({}^{E}Y^{0}) & sum({}^{E}e^{0}) \end{bmatrix} \tag{4.1}
$$

我们将生产税净额整合到增加值数据 ${}^{E}v^{0}$ 中，其维度是 1×11。此外，为了符合 MTT 数据库的实际情况我们将进口和出口的数据进行合并，得到进出口数据 ${}^{E}e^{0}$，维度为 11×1。${}^{E}Y^{0}$ 为去除净出口后的最终需求，其维度和进出口一致。${}^{E}Z^{0}$ 为中间投入产出矩阵，其维度为 11×11。为了矩阵数据的完整性，我们用最终需求的总和（除去净出口）和净出口进行替代。

其次，在没有最终需求数据、净出口数据以及生产税净额数据的情况下，我们需要充分利用增加值比例数据的信息。也就是在第一次获取增加值数据信息时，我们并不能获取真实的分行业最终需求的季度数据以及分行业的净出口季度数据。因此，在初次进行拆分时最终需求以及净出口的年度数据需要乘以各行业增加值的比例数据。公式（2.18）需要进行如下改动：

$$
\begin{aligned}
Z^{t,1} &= 0.5\times[({}^{S}V^{t,1}\times{}^{E}Z^{0})+({}^{E}Z^{0}\times{}^{S}V^{t,1})] \\
Y^{t,1} &= 0.5\times[({}^{S}V^{t,1}\times{}^{E}Y^{0})+({}^{E}Y^{0}\times{}^{S}V^{t,1})] \\
e^{t,1} &= 0.5\times[({}^{S}V^{t,1}\times{}^{E}e^{0})+({}^{E}e^{0}\times{}^{S}V^{t,1})] \\
v^{t,1} &= {}^{E}v^{0}\times{}^{S}V^{t,1}
\end{aligned} \tag{4.2}
$$

再次，我们需要利用里昂惕夫需求驱动模型对以上季度投入产出数据进行调平，这里我们需要根据投入产出表实际数据调整式（2.18）进行调整。即总投入的成分如下：

$$
q_{j}^{t,1} = (Z_{*j}^{t,1} + v_{1j}^{t,1})\ \forall j = 1,\cdots,n \tag{4.3}
$$

最后，在实际的两层循环的运行中，内层循环的 MAPE 我们控制在 0.3%，外层循环的百分比误差控制在 5%。

以 T－EURO 方法分解所得 2019 年 4 个季度的投入产出表为例，技术路线如图 4－1 所示。

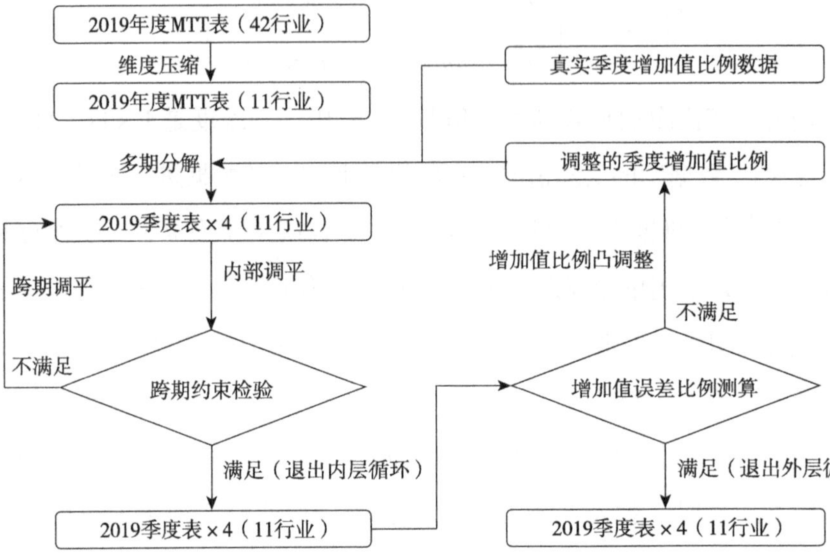

图4－1　改进的T－EURO技术路线图

4.4.2　基于MTT方法预测季度投入产出表

季度投入产出表的预测和年度投入产出表的预测存在一定的差异性。在预测年度投入产出表时，我们往往是先估计年度GDP的信息，然后利用成分数据预测的方法估计增加值的占比。但是在预测季度投入产出表信息时，季度分行业增加值是关键的信息冲击。改动后步骤如下。

第一，我们先对年度GDP序列进行预测，然后按照成分数据的预测方法获取分行业及分季度的GDP。第二，只需要预测无约束矩阵YI（公式2.32）。第三，根据$X_{\cdot(n+1)}=B^{-1}X_{(n+1)\cdot}$，获取最终需求矩阵，其中$B$矩阵可由$YI$推导（公式2.38）。第四，反变换得到季度中间投入产出部分。

这里需要说明的是，国家统计局已经公布了2020年4个季度中国分行业的增加值数据，因此这部分的数据是不需要进行预测的。对于

2021—2025 年的其他数据，我们需要先预测年度 GDP 数据，然后利用成分数据预测方法对分行业分季度的增加值序列进行预测。关于预测模型的选取，解约束矩阵中的 143（11 × 13）个元素分别单独建立时间序列预测模型，然后进行反变换，最后得到完整的季度投入产出表。本部分的技术路线如下：

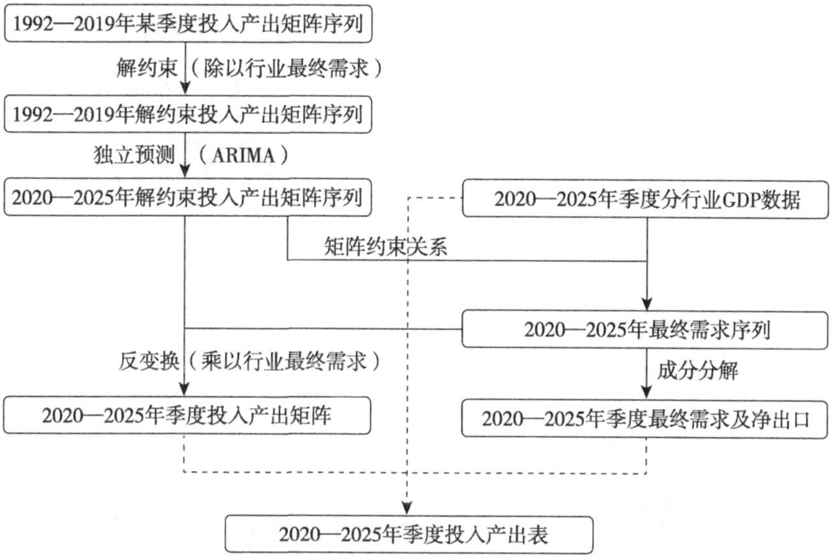

图 4－2　基于 MTT 方法预测季度投入产出表技术路线图

4.5　基于季度投入产出表的研究分析

本节主要对 2017 年投入产出表进行季度频率分解，并根据分解结果进行后续的分析。同时，为了观察不同年份经济结构的变化情况，还需要以 2015 年的分解结果作为比较项，因此，在此处也对 2015 年投入产出表进行相同的分解计算。经过 T－EURO 方法分解得到 2017 年季度投入产出表与 2015 年季度投入产出表。

为了能够更加直观地观察计算结果，我们不妨将数据结果进行可视化。根据分解后的季度投入产出表数据，我们选取投入产出表中的部门经济流量矩阵 $Z(12 \times 12)$ 绘制经济流量雷达图。图 4－3 展示了 2017 年的季度投入产出表部门经济流量情况。

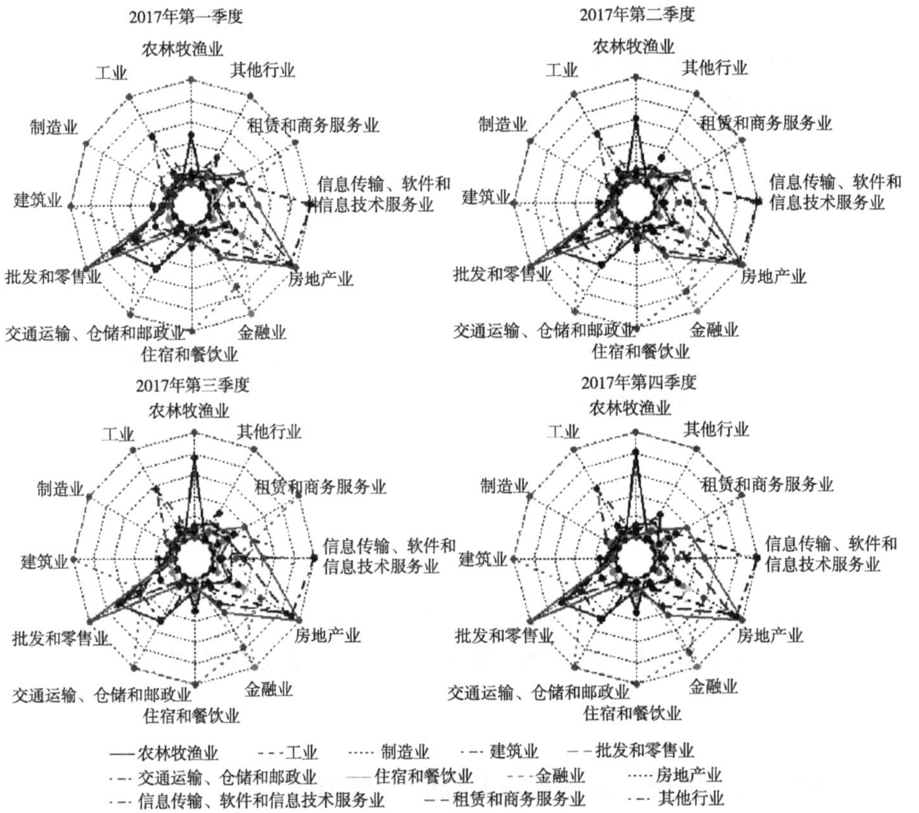

图 4－3　部门经济流量雷达图（2017 年）

根据预测分解得到 2017 年季度频率的投入产出表，可以进一步计算得到技术系数矩阵 $A = \|a_{ij}\|$，从而进一步计算得出里昂惕夫逆矩阵 $B = (I - A)^{-1} = \|b_{ij}\|$，同时，我们记里昂惕夫逆矩阵中列和行的乘数分别为 B_{*j} 与 B_{*j}：

$$B_{*j}=\sum_{i=1}^{n}b_{ij};B_{i*}=\sum_{j=1}^{n}b_{ij},i,j=1,2,\cdots,n \tag{4.4}$$

将上式中的列和行的乘数记为以下形式：

$$M_c(B)=[B_{*1}\quad B_{*2}\quad \cdots \quad B_{*n}];M_r(B)=\begin{bmatrix}B_{1*}\\B_{2*}\\\vdots\\B_{n*}\end{bmatrix} \tag{4.5}$$

定义 V 为里昂惕夫逆矩阵的全局强度：

$$V=\sum_{i=1}^{n}\sum_{j=1}^{n}b_{ij} \tag{4.6}$$

由此，投入产出乘数乘积矩阵（MPM）定义为：

$$M=\frac{1}{V}\|B_{i*}\ B_{*j}\|=\frac{1}{V}\begin{pmatrix}B_{1*}\\B_{2*}\\\vdots\\B_{n*}\end{pmatrix}(B_{*1}\quad B_{*2}\quad \cdots \quad B_{*n})=\|m_{ij}\| \tag{4.7}$$

$$V=\sum_{i=1}^{n}B_{i*}=\sum_{j=1}^{n}B_{*j}$$

其矩阵形式可表示为：

$$M=\frac{1}{V}M_r(B)\ M_c(B);V=M_c(B)\times\tau=\tau\times M_r(B) \tag{4.8}$$

投入产出表主要用于研究部门间的经济联系，经济体中的每个部门的生产都需要所有部门的投入，同时，这些部门也会向所有部门提供自己的产出，我们将前者称为经济部门间的后向联系，后者则称为前向联系。

投入产出乘数矩阵（MPM）可以同时考虑经济结构中的前向联系和后向联系，其中，前向联系代表中间产出率，后向联系代表中间投入率，这两个指标可被用于衡量某一个部门与其他所有部门之间的联系。除此之外，我们可以对 MPM 中的数据按照一定的等级大小顺序进行排列，然后将这个矩阵的数据进行可视化，绘制出投入产出乘数直方图，从而可以更加直观地观察经济体内各部门间的经济流动关系的变化情况。

当我们需要分析某一特定部门在经济体中的前向联系或者后向联系时，最常用的是 Rasmussen – Hirschman 指数（RHI），这个指数包含两个部分：

后向联系指数（BL_j），也称产业关联强度的影响力指数，计算方法是将里昂惕夫逆矩阵的列和除以对应部门的总产出，用于衡量部门 j 增加一个单位的总产出会对整个经济体系造成的影响程度：

$$BL_j = \frac{\frac{1}{n}\sum_{i=1}^{n} b_{ij}}{\frac{1}{n^2}\sum_{i,j=1}^{n} b_{ij}} = \frac{\frac{1}{n}B_{*j}}{\frac{1}{n^2}V} = \frac{B_{*j}}{\frac{1}{n}V} \tag{4.9}$$

前向联系指数（FL_i），也称产业关联强度的敏感性指数，计算方法是将里昂惕夫逆矩阵的行和除以对应部门的总产出，用于衡量经济体中每个部门都增加一个单位的总产出会对部门 i 带来的需求拉动效应：

$$FL_i = \frac{\frac{1}{n}\sum_{j=1}^{n} b_{ij}}{\frac{1}{n^2}\sum_{i,j=1}^{n} b_{ij}} = \frac{\frac{1}{n}B_{i*}}{\frac{1}{n^2}V} = \frac{B_{i*}}{\frac{1}{n}V} \tag{4.10}$$

上述的两个指数的平均值都是1。当 $BL_j > 1$ 时表示，部门 j 的最终需求增加一个单位，可以在经济体中创造超过平均水平的增长；同理，当 $FL_i > 1$ 时表示，当所有部门的最终需求增加一个单位，可以使部门 i 增加一个超过平均水平的产出。换句话说，当对应的指数大于 1 时，表示经济体中的该部门对其他部门的影响能力高于平均水平，或者说其他部门对该部门的需求拉动效应高于平均水平。而当上述的两个指数同时大于1时，这个部门就是我们所要寻找的经济体中的关键部门。

本节主要采用2017年的投入产出表进行分析，在此之前，本文将先对2017年的总体经济结构进行观察，根据2017年的投入产出表计算出当年的RHI，并找出2017年的生产关键部门，从而对该年的经济结构进行一个大致的了解。

根据2017年的投入产出表数据，我们首先可以计算出当年经济体内各部门的RHI（包括后向指数BL_j与前向指数FL_i）。以前向指数为横轴、后向指数为纵轴，并分别用红线标出两个指数的平均水平——直线$BL_j=1$和$FL_j=1$，就可以绘制出如图4－3所示的经济部门分类图。其次，通过相应的前向指数与后向指数，还可以绘制出如图4－4所示的部门经济前向联系图和后向联系图，从而更直观地观察2017年的部门经济结构。

在图4－4中，经过横、纵坐标为1的直线的划分，我们得到四个象限，并根据RHI的含义将各个象限中的部门相应划分为四类。第Ⅰ象限的区域记为$BL_j>1, FL_i>1$的部分，在这一象限内的部门正是我们要寻找的经济体中的关键部门；第Ⅱ象限的区域记为$BL_j<1, FL_i>1$的部分，这一象限中的部门只有前向指数大于1，因此，将这些部门称为前向指向型部门；第Ⅲ象限的区域记为$BL_j<1, FL_i<1$的部分，这一象限中的部分由于前向和后向的指数都小于1，因此，将它们称为经济体中的弱影响部门；第Ⅳ象限的区域记为$BL_j>1, FL_i<1$，这一象限中的部门只有后向指数大于1，相应地，这一区域的部门被称为后向指向型部门。

我们可以发现，2017年中国经济体中的关键部门只有制造业，且制造业的指数水平远大于其他行业。根据图4－4中的象限划分结果，我们可以发现，在中国经济体中，前向指向型部门包括建筑业、租赁和商务服务业、住宿和餐饮业以及交通运输、仓储和邮政业，其余部门都属于经济体中的弱影响部门。

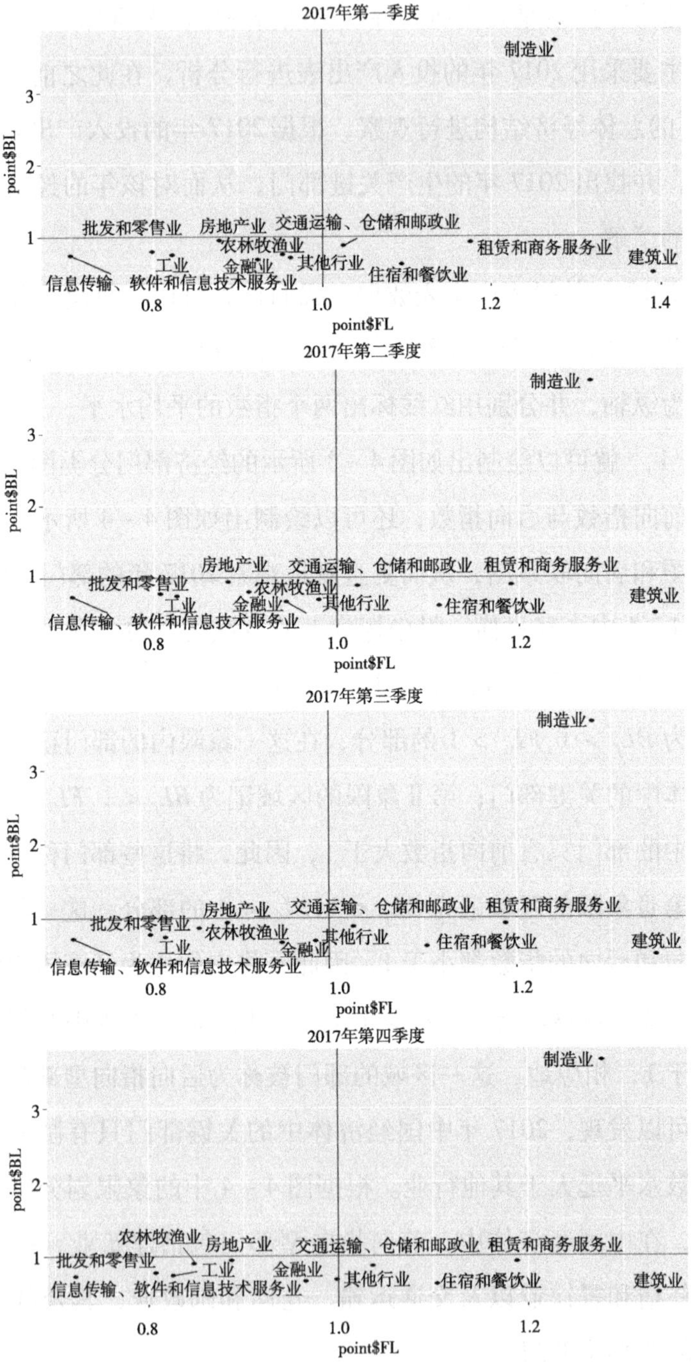

图 4－4　中国经济部门分类（2017 年）

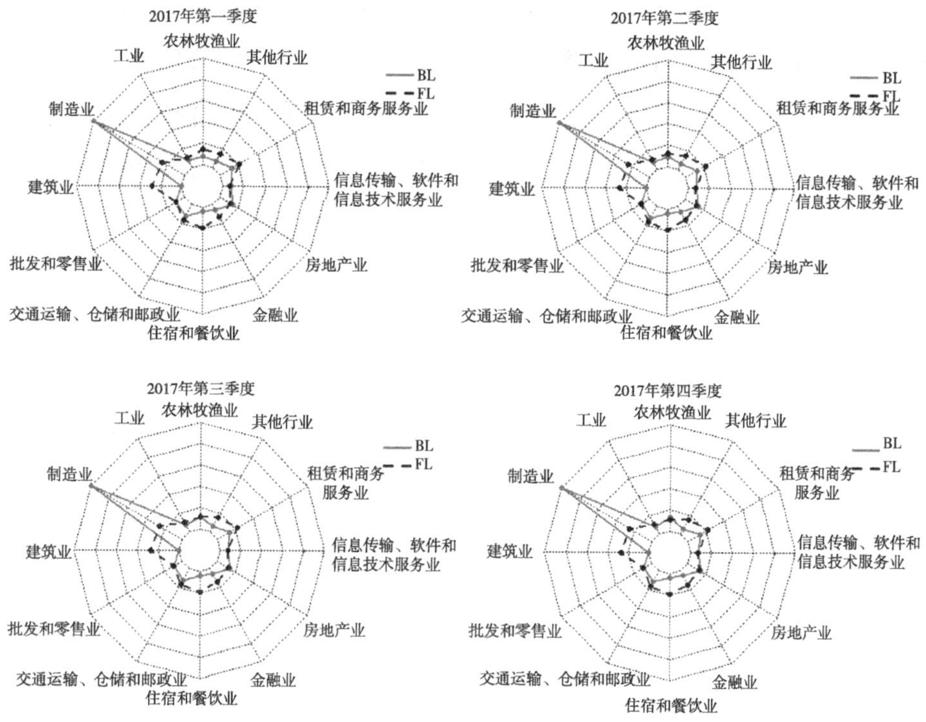

图 4－5　中国部门经济前向联系和后向联系（2017 年）

同理，根据 2017 年的投入产出季度表数据，也可类似地进行上述分析，其结果与 2017 年的经济结构基本一致，这也说明，总体来看，部门生产链的结构关系在一年之内基本保持稳定。

但是，通过对比 2015 年与 2017 年的 RHI 数据，我们可以观察到工业及信息传输、软件和信息技术服务业的明显变化。这两个行业的前向指数和后向指数在 2015 年和 2017 年这两个时间段内的发展趋势基本一致，但是在这两年里，这两个部门在中国国民经济体系中发挥的作用有所变化。

如图 4－6 所示，对比 2015 年和 2017 年，在保持后向指数基本不变的前提下，工业部门的前向指数有较大幅度的下降。这也就是说，与 2015 年相比，2017 年国民经济体中所有部门的总投入的增加所引发的工业部门的产出的增加量有所减少，即其他部门对工业的需求拉动效应降低。这一年，中国的工业搭乘上了供给侧结构性改革政策的“快车”，很大程度上解决了工业产能过剩的问题，调整了工业的供给侧结构，增强了工业生产的主观能动性，一定程度上降低了对其他行业的依赖程度。

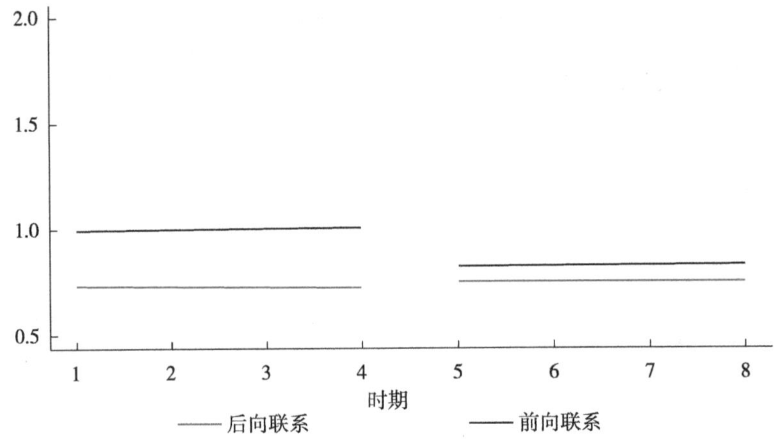

注：横轴所示1—4时期依次为2015年4个季度，5—8时期依次为2017年4个季度。

图4－6　工业RHI趋势变化

如图4－7所示，通过对比2015年与2017年的信息传输、软件和信息技术服务业的前向指数与后向指数，我们可以看到该部门的指数的相对位置发生了明显变化，也就是说该行业在国民经济体系中发挥的经济作用发生了改变。具体来看，该行业的前向指数虽然在2015年和2017年基本无明显变化，但是该行业的后向指数却有了明显提高，甚至超过了前向指数的变化水平。由此，我们可以推测，相较2015年，在2017年的中国国民经济体系中，该行业的总产出中对其他行业的影响强度有所提升，甚至超过了该行业受其他行业总产出变化影响的强度。结合实际情况，我国的信息技术产业近年来发展迅速、成果显著，该行业的建设发展也符合大数据时代的潮流，自然而然对其他行业的带动作用也在不断增强。

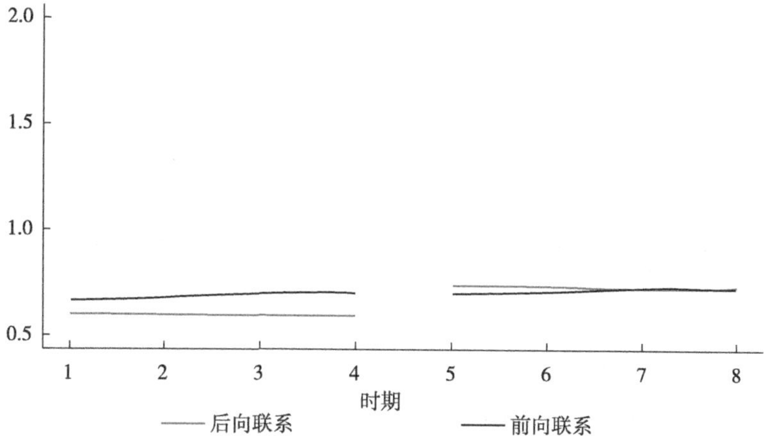

注：横轴所示1—4时期依次为2015年4个季度，5—8时期依次为2017年4个季度。

图4-7　信息传输、软件和信息技术服务业RHI趋势变化

在此基础上，我们需要进一步探究年内季节因素对产业部门经济结构的具体影响，由于农林牧渔业每年的生产计划受季节影响较为明显，我们不妨选择农林牧渔业进行后续有关季度频率的部门经济结构变化的观察与分析。

根据农林牧渔业的RHI数据，我们可以绘制出图4-8所示的农林牧渔业前向联系和后向联系的趋势变化图。如图4-8所示，在每一年的初始阶段，前向联系都大于后向联系。

此后，随着季节的变化和生产阶段的推进，两个联系指数有着各自的变化。观察图4-8，我们可以看出，农林牧渔业的后向联系一般在每年的前两个季度会出现逐渐上升的趋势，并在第三季度起趋于稳定，与之相反，前向联系一般在每年的前两个季度出现逐渐下降的趋势，并在第三季度起趋于稳定。

对于农林牧渔业而言，这样的变化趋势与经济事实相符，一般而言，每年的第一季度和第二季度属于每年开始投入生产的季节，比如，农业

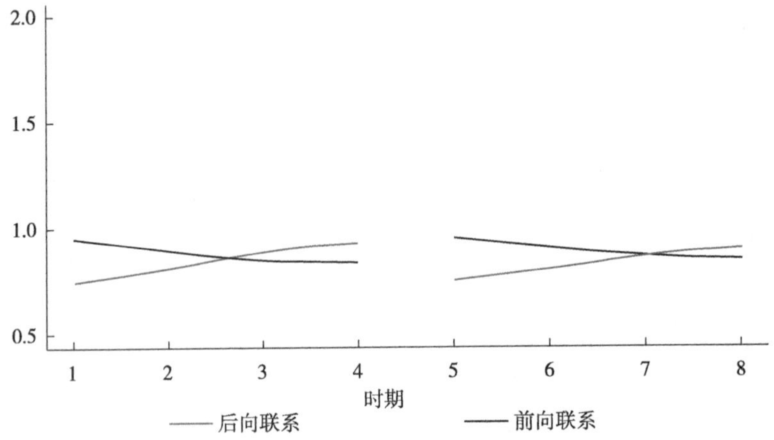

注：横轴所示 1—4 时期依次为 2015 年 4 个季度，5—8 时期依次为 2017 年 4 个季度。

图 4－8　农林牧渔业 RHI 趋势变化

需要在春季播种，这一段时期，往往需要大量的产业资源投入，这也就使得农林牧渔业的后向联系增强。而到了每年收获的季节，比如，秋季农业大丰收的时节，农林牧渔业又会将自己的产出转化为资源，投入所有部门新一轮的生产中去，这就会使前向联系增强，从图 4－8 看，就是前向联系持续降低的趋势得到了遏制。

除了根据前向指数和后向指数分析外，我们还可以根据投入产出乘数矩阵中的数据，绘制出部门间经济流动投入产出乘数矩阵对应的直方图。根据直方图，我们可以明显看到制造业远高于其他行业，这与前文中提到的指数分布结果一致。

综上所述，虽然从总体上看，中国的国民经济结构较为稳定，但是像农林牧渔业这样的部分生产部门，随着时间的推移，表现出特殊的年内动态变化，即在不同的生产时期，这些部门在经济结构中发挥的产业链作用不尽相同，它们对于经济体中的其他部门的依赖程度也不尽相同。这样的结论，呼应了第 2 章中提到的 T－EURO 方法的优点——在分解计

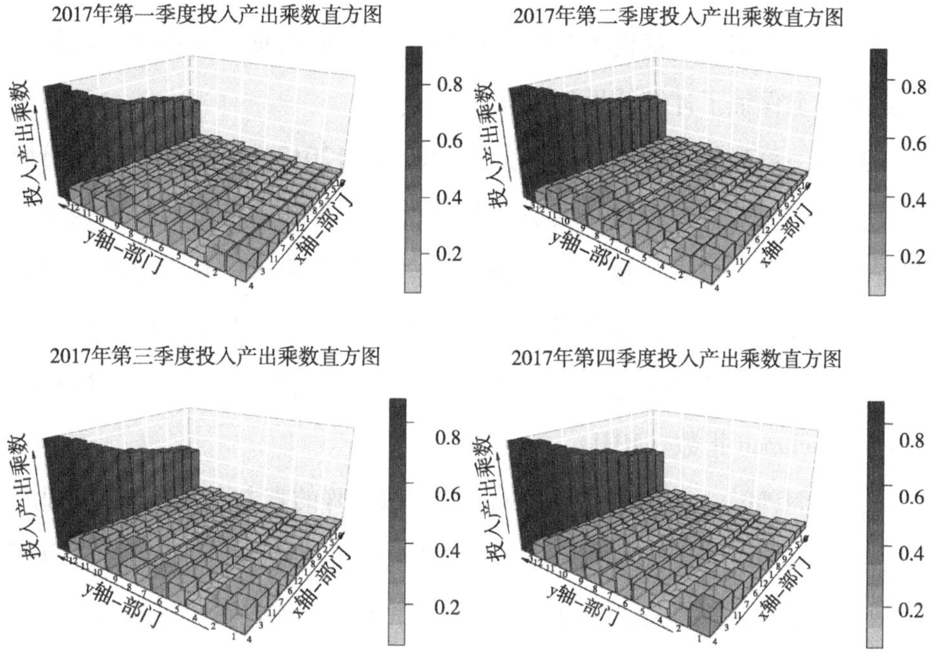

图 4-9　投入产出乘数直方图（2017 年）

算的过程中，隐含了对经济体内各部门经济结构的调整，从而保证分解结果可以体现出本部门经济结构的跨时异质性。同时，这样的结果也表明，如果不考虑经济结构的这种跨时异质性，仍旧假定年内各部门经济结构是同质的，就会产生估计误差，从而无法准确获取产业经济结构变化信息。

4.6　小结

本章主要采用了 T-EURO 方法和 MTT 法对中国投入产出表进行了时间序列预测分析，除根据中国投入产出表等数据的实际情况而对该方法进行了一些步骤的改变之外，本章的计算过程仍然保留了 T-EURO 方法的优点。和其他传统方法一样，本章所采用的数据都来自中国国家统计局的官方数据，包括投入产出表和分行业 GDP 数据，这些官方数据在一定程度上保证了计算结果的可靠性。

经过一系列的计算过程，本文将2015 年和2017 年的投入产出表分解至季度频率，而且分解结果具有良好的性质——既满足投入产出表的内部一致性要求，也满足投入产出表的时间一致性要求。基于分解得到的季度频率投入产出表，本文还进行了一些简单的后续投入产出关联分析，这一部分的内容主要是通过引入投入产出乘数矩阵（MPM）和 Rasmussen – Hirschman 指数（RHI）。

通过 MPM，本文刻画出了投入产出乘数矩阵的直方图，更加直观地反映了部门间的经济流动变化情况。通过 RHI 的计算结果，我们找出了 2017 年中国国民经济中的关键部门——制造业。同时，通过对年度投入产出表和季度投入产出表的对应的 RHI 进行分析，我们不难观测到，虽然一年内中国经济市场的整体经济结构基本保持稳定，但是经济体中的一些部门的确存在经济结构的跨时异质性，这也打破了传统方法中对于年内经济结构具有一致性的假设。比如，文中提及的农林牧渔业，随着季节的变化，该产业的生产进程也在不断变化，从而对经济体的产业链产生动态的影响。这种经济结构变化也只有通过经 T – EURO 方法分解得到的年内的投入产出表数据，才能被观测到，而这些变化对于探究经济体部门间的关联关系和产业链动态信息、决定相关部门政策的最佳干预时期以及提高投入产出相关分析模型和方法的计算效率等具有重要意义。

首先，国家统计局的部门分类规范在不断地调整，导致国家公布的分行业 GDP 数据并不完整，2015 年之前的部分，缺少制造业、信息传输、软件和信息技术服务业以及租赁和商务服务业的数据，如果想要探究 2015 年之前的国民经济结构变化情况，还需进行数据的填补工作。其次，由于无法得到季度频率的中国进出口数据，直接导致无法根据公式计算出中国进出口部门的实际比例份额数据，但为了保证计算过程仍旧可以继续，在比例份额计算的过程，统一采用价值增值量的比例份额对未知的进出口数据进行替代。不过这样的操作存在的潜在风险即会导致后续计算产生误差，但是本章讲解的内容在计算过程依旧收敛，因此并未造成不可估计的影响。最后，由于所得数据的部门种类限制，将投入产出表统一结合成了 12 个部门，分类较粗，有条件的情况下，可以进行 42 个部门甚至是 149 个部门的相关分析，更加详细的部门划分有利于更准确地把握部门联系、更合理地提供政策意见。

本章的计算过程和应用实例可以作为 T – EURO 方法的实践示例，也可以作为国内投入产出表分解技术相关研究领域的一项补充。总的来说，T – EURO 方法在分解投入产出表时，其分解预测结果有良好的性质，还可以保留部门经济结构的跨时异质性，从而可以直接基于分解结果进行投入产出关联分析，因此，这个方法值得深入学习和广泛应用。

5. 北京市投入产出表的构建

投入产出表（IO 表）的编制是为了反映一定时期内各产业部门间相互联系和平衡比例的关系，体现各产业部门间的相互影响。利用投入产出表分析北京市经济发展及其产业结构演变是一个既具有理论基础又有创新方法的方式。在研究经济和制定政策的过程中，不仅需要聚焦于中长期战略，还需要关注短期变化。基于此得出的结论和制定的经济政策才更有可行性。尽管现今我国经济较快发展，但投入产出表的编制却相对滞后，目前官方发布的最新的北京市投入产出表仅为 2017 年的投入产出表，而且全国及各省的投入产出表一般 5 年才编制一版，这给研究和制定经济政策造成了极大困难。所以需要利用已发布的北京市年度投入产出表得到更短时间间隔的北京市投入产出表，如季度投入产出序列表，以便于研究分析短期内的产业结构变化过程。

目前北京市统计局共发布了 1987 年、1992 年、1997 年、2002 年、2007 年、2012 年、2017 年 7 张北京市投入产出表。而在针对北京市投入产出表的研究中，很少有关于更新或者补充表的研究，仅有利用 MTT 方法更新北京市 1992—2025 年投入产出表，构建了北京市投入产出网络（祁鸣，2019）；有学者为了研究及发展低碳经济，编制了北京市 2010 年碳排放投入产出表，建立了碳排放优化模型，该模型是利用居民能源消费数据以及碳排放数据改造得到的（于国庆，2015）。国内更多学者的研究是利用已发布的投入产出表进行对特定产业的分析。例如，应用投入产出模型分析北京市生产性服务业和制造业的前后向联系，找出可以促进其发展的相关产业（王红杰等，2018）；有的学者使用结构分解法分析北京市发展方式的变化对水资源承载能力的影响，发现产业结构调整对水资源承载能力有很大影响（王喜峰等，2018）；有的学者基于北京市2007年、2012年投入产出表及2010年延长表，选取水资源效率以及废水、二氧化硫、工业固体废弃物的环境效率作为生态效率的衡量指标，识别提高影响北京市产业生态效率的关键部门（王雪和施晓清，2018）。在产业关联分析方面，有学者利用已发布的北京市投入产出表构造产业关联网络模型，分析各年度产业关联网络的演变情况，分析其拓扑特征和社团结构演变的内涵（李茂，2016）。但上述研究都是基于某特定年份的年度表进行以年为时间单位的产业分析，而许多产业具有明显的季节效应，仅使用年度数据难以展现短期变化趋势，无法看出某一政策实施的瞬时影响。

本章首先利用北京市分季度地区生产总值（GDP）增加值行业分类重新整合北京市2007年、2010年和2012年三张投入产出表，将42部门整理为17部门，再基于T－EURO方法，使用北京市季度GDP增加值数据，更新了北京市2007年、2010年、2012年季度投入产出表序列，共12张投入产出表。这些季度表满足了内部一致性以及时间一致性。并根据分解得到的季度投入产出表，基于Multiplier Product Matrix（MPM）模型分析各产业之间的前向联系和后向联系，找出具有典型季节性的产业，如房地产业，再对该行业进行了季节性变化分析，结果表明，北京市房地产业具有显著的季节效应，在整个经济体系中的影响力也在增强。

5.1 数据处理

由于北京市季度地区生产总值增加值产业分类与北京市投入产出表部门分类并不一致，所以需先将其整合为一致的分类。现已将2007年、2010年、2012年北京市42部门投入产出表整理为与北京市季度地区生产总值增加值披露相对应的17部门投入产出表以便后续计算。行业分类按2002年国民经济行业分类标准核算。以2012年为例，第一产业对应投入产出表中序号1产业，工业对应序号2至序号27产业，建筑业对应序号28产业，交通运输、仓储和邮政业对应序号30产业，信息传输、计算机服务和软件业对应序号32产业，批发和零售业对应序号29产业，住宿和餐饮业对应序号31产业，金融业对应序号33产业，房地产业对应序号34产业，租赁与商务服务业对应序号35产业，科学研究、技术服务与地质勘查业对应序号36产业，水利、环境和公共设施管理业对应序号37产业，居民服务和其他服务业对应序号38产业，教育对应序号39产业，卫生、社会保障和社会福利业对应序号40产业，文化、体育与娱乐业对应序号41产业，公共管理与社会组织对应序号42产业。北京市季度地区生产总值增加值17部门分类与2012年北京市投入产出表42部门分类如表5－1和表5－2所示。

表5－1　北京市季度地区生产总值增加值17部门分类

编号	产业
1	第一产业
2	工业
3	建筑业
4	交通运输、仓储和邮政业
5	信息传输、计算机服务和软件业
6	批发和零售业
7	住宿和餐饮业

续表

编号	产业
8	金融业
9	房地产业
10	租赁与商务服务业
11	科学研究、技术服务与地质勘查业
12	水利、环境和公共设施管理业
13	居民服务和其他服务业
14	教育
15	卫生、社会保障和社会福利业
16	文化、体育与娱乐业
17	公共管理与社会组织

表 5－2　2012 年北京市投入产出表 42 部门分类

编号	产业	编号	产业
1	农林牧渔产品和服务	22	其他制造产品
2	煤炭采选产品	23	废品废料
3	石油和天然气开采产品	24	金属制品、机械和设备修理服务
4	金属矿采选产品	25	电力、热力的生产和供应
5	非金属矿和其他矿采选产品	26	燃气生产和供应
6	食品和烟草	27	水的生产和供应
7	纺织品	28	建筑
8	纺织服装鞋帽皮革羽绒及其制品	29	批发和零售
9	木材加工品和家具	30	交通运输、仓储和邮政
10	造纸印刷和文教体育用品	31	住宿和餐饮
11	石油、炼焦产品和核燃料加工品	32	信息传输、软件和信息技术服务
12	化学产品	33	金融
13	非金属矿物制品	34	房地产
14	金属冶炼和压延加工品	35	租赁和商务服务
15	金属制品	36	科学研究和技术服务
16	通用设备	37	水利、环境和公共设施管理
17	专用设备	38	居民服务、修理和其他服务
18	交通运输设备	39	教育
19	电气机械和器材	40	卫生和社会工作
20	通信设备、计算机和其他电子设备	41	文化、体育和娱乐
21	仪器仪表	42	公共管理、社会保障和社会组织

2007 年、2010 年的 17 部门与 2012 年相同，投入产出表中 42 部门与 2012 年略有不同，但使用上述类似方式对其进行合并。

为了方便与算法格式对应，将北京市投入产出表进口列向量转化为进口行向量。由于无法找到北京市季度进出口数据，所以将采用各季度全部行业增加值占年度的份额作为进出口份额进行计算。

由于最终使用部分没有各细分部门的季度数据，所以将居民消费支出、政府消费支出、固定资本形成总额与存货增加合并为一列除出口外最终需求。将北京市投入产出表中出口与国内省外流出合并为下文得到的出口部分。将北京市投入产出表中进口与国内省外流入合并为下文得到的进口部分。后续如需各部门细分可将其按比例分配。所以在本例中，Z 是维度为 17 ×17 的 IO 表第二象限矩阵，m 是维度为 1 ×17 的进口行向量，v 是维度为 1 ×17 的增加值行向量，Y 是维度为 17 ×1 的除出口外最终需求列向量，e 是维度为 17 ×1 的出口列向量。

5.2 北京市季度投入产出表结果

现已将 2007 年、2010 年、2012 年北京市 17 部门投入产出表代入程序分别得到对应年份四季度 17 部门投入产出表。

5.2.1 北京市经济结构变化分析

获得季度投入产出表数据的初衷是分析季节性产业结构变化。下面通过乘数产品矩阵模型（MPM），对 2007 年、2010 年和 2012 年北京市进行了简单的经济结构变化分析，以突出各个时期生产结构的异质性。

投入产出模型的一个重要特征是它可以描绘经济中各产业部门之间的联系。部门既需要其他部门对该部门的投入，称之为后向联系，也需要向其他部门提供商品，称之为前向联系，从而可以确定生产关系。为了确定经济中的关键部门，学界已经提出了一些测量其联系的方法。最常用的是 Rasmussen - Hirschman 指数，它可以测量特定部门分散的强度和敏感性。分散强度衡量的是一个行业对其他行业的影响能力的大小，系数越大，表示这个行业对其他行业的影响能力越大。敏感性系数衡量的是一个行业对于其他行业的变动作出反应的强弱，系数越大，表示这个行业部门受到其他行业影响的程度越大。基于投入产出矩阵，可以得到总需求矩阵（里昂惕夫逆矩阵）$B=(I-A)^{-1}$，其中，矩阵 A 为直接消耗系数矩阵，矩阵 B 中第 i 行第 j 列的元素表示为 b_{ij}。

后向联系的分散强度表示为：

$$BL_j = \frac{\frac{1}{n}\sum_{i=1}^{n} b_{ij}}{\frac{1}{n^2}\sum_{i,j=1}^{n} b_{ij}} \tag{5.1}$$

前向联系的分散敏感度表示为：

$$FL_j = \frac{\frac{1}{n}\sum_{j=1}^{n} b_{ij}}{\frac{1}{n^2}\sum_{i,j=1}^{n} b_{ij}} \tag{5.2}$$

MPM 的设计目的是同时考虑产业间的前向联系和后向联系，以反映直接消耗系数变化的一阶影响。表 5 - 3 为 2012 年北京市分季度行业的 Rasmussen - Hirschman 指数值。

表 5 - 3　2012 年北京市分季度行业的 Rasmussen - Hirschman 指数值

产业	2012 年第一季度		2012 年第二季度		2012 年第三季度		2012 年第四季度	
	后向联系	前向联系	后向联系	前向联系	后向联系	前向联系	后向联系	前向联系
1	0.716	0.766	0.727	0.834	0.727	0.836	0.729	0.826
2	0.769	3.836	0.767	3.621	0.77	3.706	0.776	3.799
3	1.287	0.739	1.288	0.748	1.273	0.758	1.251	0.789

续表

产业	2012 年第一季度		2012 年第二季度		2012 年第三季度		2012 年第四季度	
	后向联系	前向联系	后向联系	前向联系	后向联系	前向联系	后向联系	前向联系
4	0.961	1.058	0.968	1.158	0.97	1.149	0.976	1.081
5	1.024	0.827	1.048	0.813	1.011	0.852	1.035	0.817
6	0.81	1.009	0.825	0.949	0.826	0.931	0.828	0.92
7	0.95	0.82	0.954	0.83	0.96	0.82	0.968	0.813
8	0.934	1.15	0.936	1.16	0.958	1.103	0.938	1.139
9	1.024	0.79	0.936	0.891	0.939	0.871	0.936	0.88
10	0.941	1.185	0.966	1.121	0.96	1.126	0.965	1.112
11	1.054	0.791	1.058	0.802	1.068	0.779	1.084	0.761
12	1.142	0.634	1.138	0.645	1.149	0.639	1.143	0.639
13	1.012	0.698	1.053	0.688	1.04	0.689	1.032	0.693
14	0.937	0.682	0.921	0.703	0.933	0.692	0.942	0.688
15	1.175	0.62	1.133	0.631	1.156	0.625	1.157	0.623
16	1.078	0.772	1.087	0.772	1.075	0.794	1.081	0.788
17	1.184	0.625	1.194	0.634	1.188	0.63	1.158	0.631

由表 5－3 可知，北京市 2012 年各季度的指数值波动不大，除工业部门外，其余部门指数水平均在 1 左右，各产业部门间的结构在年内较为稳定。较为明显的是，工业部门的前向联系相当大，这是由于工业部门在生产链中通常处于初始位置，需要向其他部门提供大量商品，因此，它具有比后向联系更大的前向联系。相反，建筑业的后向联系较大，因为它需要其他部门为它提供商品以完成作业。由此可见，工业部门在北京市经济发展中处于非常重要的基础地位，应予以重视。

由图 5－1 可知，房地产业是在季度分解中效果突出的，年表中叙述的联系忽略了行业的典型季节性。在第一季度，房地产业具有较强的后向联系，需要获得投入，前向联系较弱。总体来看，房地产业的后向联系指数与前向联系指数大多都小于1，说明其对其他产业的影响和其他产业对其的影响都小于平均水平。随着时间的推移，房地产业的后向联系指数在稳步上升，说明北京市房地产业在整个经济体系中的影响能力在增强。因此，北京市可以加大对房地产业的发展力度，不断探索改革方向，增强房地产业在经济结构中的作用。

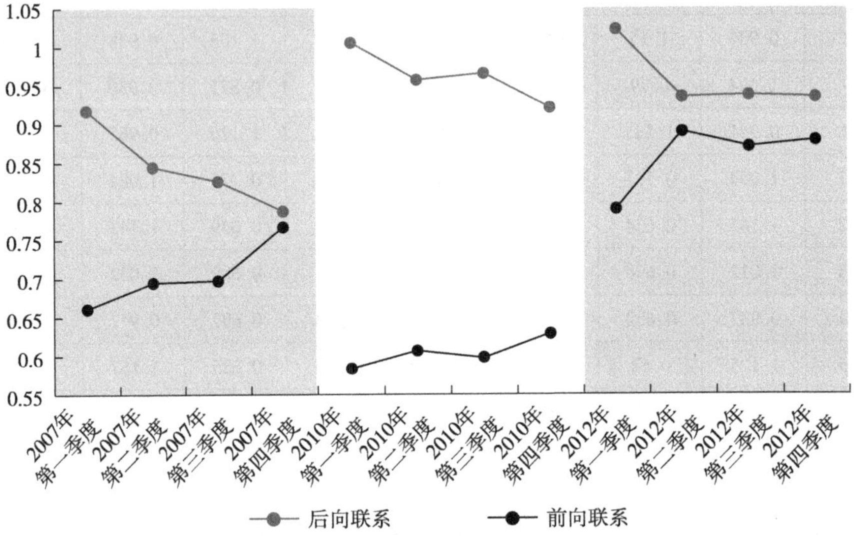

图5-1　2007年、2010年、2012年北京市房地产业第一至第四季度前后向联系指数

图5-2展示了北京市在三个年份中建筑业部门的前向联系指数与后向联系指数的变化。建筑业后向联系指数都大于1，说明其在整个经济运行中对其他部门的影响较大。在年内来看，与房地产业的情况类似，后向联系逐渐减小，前向联系逐渐增大。

图5-3展示了北京市在三个年份中居民服务和其他服务业部门的前向联系指数与后向联系指数的变化。服务业后向联系指数都大于1，说明其在整个经济运行中对其他部门的影响也比较大。服务业也显示出一定的季节性，第一季度的后向联系指数为一年中最小，在第二季度有较大

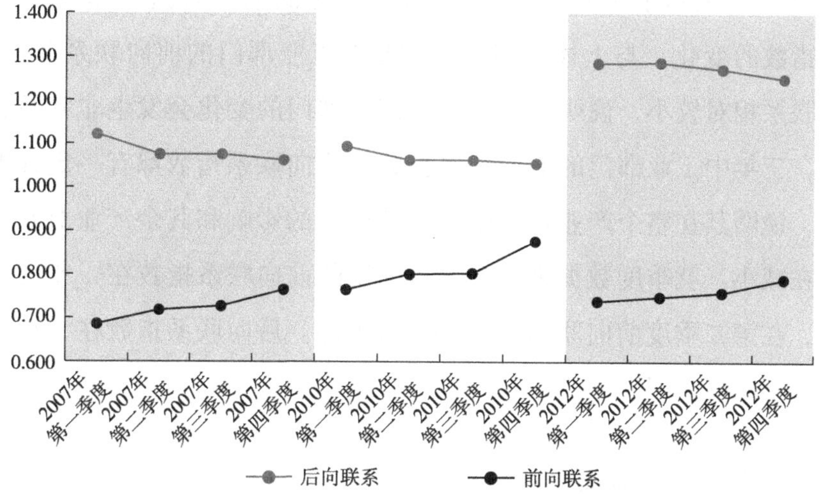

图 5－2　2007 年、2010 年、2012 年北京市建筑业第一至第四季度前后向联系指数

增长，后又平缓下降。而第一季度的前向联系指数为一年内最大。上述三个部门相比起对于其他部门作出感应的程度，它们对其他部门的影响程度更大。

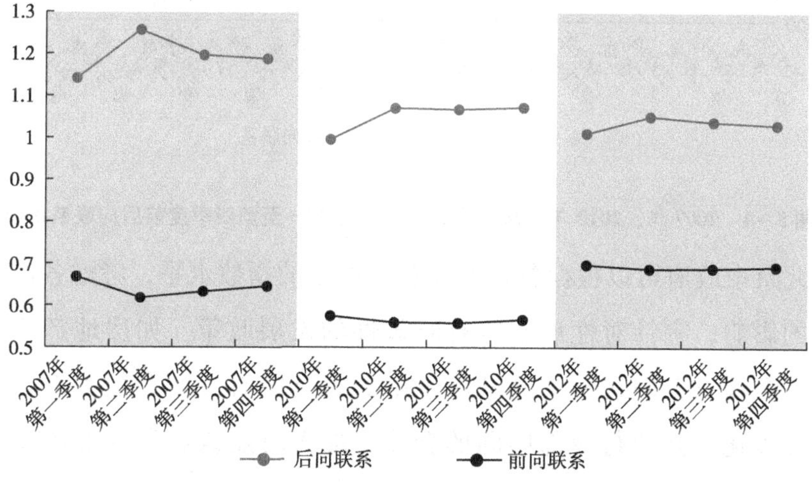

图 5－3　2007 年、2010 年、2012 年北京市居民服务和其他服务业第一至第四季度前后向联系指数图

图5－4展示了北京市在三个年份中工业部门的前向联系指数与后向联系指数的变化。与上述部门不同的是，工业部门的前向联系非常大，后向联系相对较小，说明工业对其他产业部门的变化会发生非常敏感的反应。三年中工业部门的前向联系指数与后向联系指数都有一定程度的下降，说明其在整个产业结构中对其他产业的影响和其余产业对其的影响都在减小。就季度数据来看，第一季度的前向联系指数在一年内是最高的，在第二季度前向联系指数都有所下降。后向联系指数在一年内的变化并不明显。

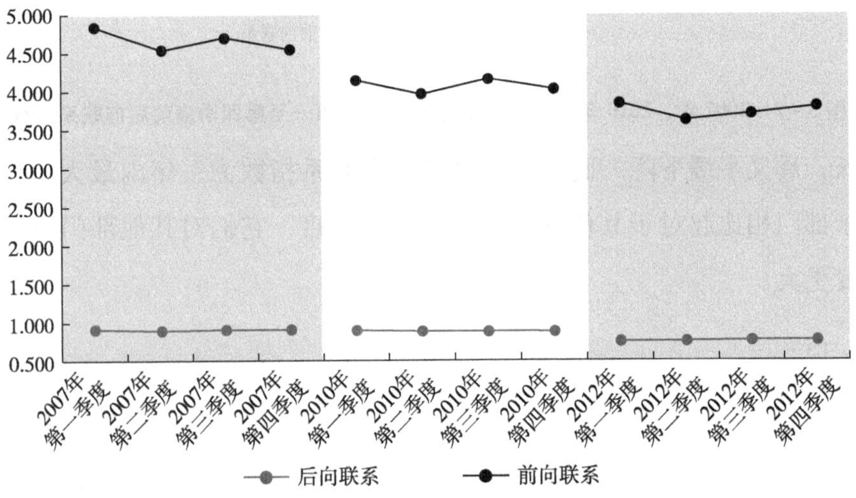

图5－4 2007年、2010年、2012年北京市工业第一至第四季度前后向联系指数

北京市政府可以根据各行业在各个季度的指数水平，考虑各产业部门间的影响，有针对性地制定有时效性的发展政策。如房地产业、建筑业，在提升它们在整个经济体系中的影响能力方面有很大潜力，可以继续深化与其他行业部门间的合作，加大对建筑业和房地产业的支持力度，不断探索改革方向，增强建筑业与房地产业在经济结构中发挥的作用。

5.3 小结

国内基于投入产出表关于时间维度问题的研究文献侧重于年度的更新和动态模型，这些模型仍然依赖年度表作为基准。然而，年表中所描绘的结构忽略了某一特定部门年内的一些细微差别以及季节性影响，使得瞬态现象的估计结果产生偏差。因此，IO 表的年内分解对于提高这些模型的准确性以及揭示季节性生产链模式、探索一年内的结构动态、确定最佳政策干预时机至关重要。所以本章采用了 T-EURO 方法对北京市投入产出表进行分解，得到了以季度为时间间隔的年内投入产出表序列。

本文通过利用北京市季度 GDP 增加值行业分类重新整合由北京市统计局发布的北京市 2007 年、2010 年、2012 年投入产出表，将 42 部门 IO 表整理为 17 部门 IO 表，再基于 T-EURO 方法，使用北京市季度 GDP 增加值数据，更新了北京市 2007 年、2010 年、2012 年季度投入产出表时间序列，共 12 张季度 IO 表。T-EURO 方法在 EURO 方法的基础上保证了年内 IO 表的内部一致性和时间连续性，使得每张季度表本身的总投入和总产出一致，各季度表相加与总年表一致。接着根据分解得到的季度投入产出表，基于 MPM 模型分析各产业之间的后向联系的影响力水平和前向联系的敏感性水平，找出具有典型季节性的产业，如房地产业、建筑业、居民服务和其他服务业、工业等，再对这些行业进行季节性分析。结果表明，北京市房地产业、建筑业具有显著的季节效应，后向联系较大，在整个经济体系中的影响力也在增强，而工业部门前向联系非常大。北京市政府可以根据这些指数制定相应政策以更好地发挥其季节效应，使得北京市经济发展更加协调稳健。

6. 中国投入产出网络的动态规律研究

国民经济系统是典型的复杂系统，复杂系统的理论和方法是宏观经济数量分析的指导思想。整个国民经济系统由物质生产部门和非物质生产部门等众多子系统组成。在大系统与子系统之间、子系统与子系统之间存在着相互依存、相互制约的复杂关系。每一个物质生产部门都要使用其他部门的产品作为原料和设备。同时，它的产品又要提供给其他部门作为原料和设备使用，一个部门的发展变化会影响其他部门的发展变化，以致影响整个经济系统。编制投入产出表的重要目的之一就是直观地反映部门之间价值的流动。

随着生产的发展、技术的进步，专业分工越来越细。各部门之间的联系也越来越复杂和密切。部门要保持一定的投入产出关联关系、数量关系，以保证国民经济协调发展。为了解剖复杂产业结构，一些学者建立了投入产出理论模型。主要研究内容是产业间的关联效应，研究的重点在于识别关键产业部门以及产业结构，关键部门的识别是产业政策制定的重要依据。本文也致力于提出可靠的关键产业部门及产业结构的识别方法。

最早的经典投入产出关联分析理论就是里昂惕夫投入产出关联分析法。里昂惕夫于1936 年发表了美国1919 年多产业部门的投入产出表。首次提出了研究产业部门之间的关联关系的理论，随后在 1941 年出版的

structure of American economy（1919—1929）一书中详细描述了投入产出理论的概念及基本原理（Leontief，1941）。

里昂惕夫最先提出用完全消耗系数来反映产业关联关系。完全消耗系数主要反映两个部门之间关联强度的平均水平。之后 Chenery 和 Wantanable（1958）提出了关联效应强度的概念，他们基于投入产出系数表构造了直接后向关联系数和直接前向关联系数。前者反映了部门生产要素来源中其他部门供应的比例。后者则表示中间产出率，反映了产业的最终产品作为中间产品流出的比例。Rasmussen 则在 1956 年在里昂惕夫逆矩阵（L）的基础上提出了衡量产业关联强度的影响力系数和感应度系数。其中，影响力系数是以里昂惕夫逆矩阵元素的列和除以相对应部门的总产出，代表着该部门改变一个单位的总产出会对整个经济体系的影响程度。感应度系数则是将里昂惕夫逆矩阵元素的行和除以相对应部门的总产出，代表的是国民经济中每个部门都增加一个单位的产出会对该部门带来多大的需求（Rasmussen，1957）。Chenery 等的研究重点在于单个产业部门与整体经济的相互作用。

里昂惕夫的理论侧重于分析两个部门之间的关联关系，而 Rasmussen 等的研究侧重于产业对整体经济的影响，但是却忽略了局部产业的关联关系。仅仅依靠这些研究不能全面刻画产业特征。除了识别关键的产业部门，刻画产业结构也是产业关联分析的研究重点。但是这些研究没有提出标准化的产业结构研究方法。为了进一步研究产业关联的现象，一些学者引入图论刻画投入产出关系。

最早将图论和网络理论引入投入产出关联分析中的是 Campbell，他结合图论和投入产出结构构建了一个有向的投入产出网络。Campbell 还根据投入产出网络中节点之间的最短路径距离构建了投入产出距离矩阵，并且构建了相对中心度指数来刻画节点（部门）在经济体系中的地位

（Campbell，1970，1972，1974，1975）。之后 Slater（1977）提出了投入产出网络中的“成分”结构，他通过设置不同的临界值来对投入产出网络中的产业集进行分析，创造了双标准化准则来识别投入产出网络中的产业集，而产业集表现为产业图的强弱成分。其中强成分产业集内部联系更为紧密。这种强弱性本质类似于 Rasmussen 等提出的影响力系数。随后 Srivastav 应用 Campbell 的方法识别出北方邦（Uttar Pradesh）的 6 个产业集（Srivastav，2006）；Morillas 扩展了 Slater 的方法。他将不同的产业进行分级，对不同等级区间的产业集合进行产业关联分析（Morilla，2008）。

在识别关键产业部门的方法上，Campbell 和 Slater 都提供了新的思路。并且在产业结构识别的问题上作出了贡献。Campbell 提出了距离矩阵识别关键部门，简化了投入产出表。之后他利用相对中心度指标阈值完成了投入产出网络子图的分割，识别了投入产出网络中的产业集群现象。Slater 使用类似的方法剥离出了产业结构图，然后识别出关键部门。

Campbell 的方式虽然简化了投入产出表，但同时也遗漏了投入产出表的信息。Slater 的方法重点在于识别关键部门，很少涉及产业结构的识别。本文引入了网络理论中特征向量中心性的方法识别关键产业部门。在国民经济系统中，我们如果将节点作为产业部门，用边来表示他们之间的交易关系，并且以每笔交易金额（价值流量）加权，那么国民经济系统就可以很好地被刻画成为一个复杂网络。相较于 Rasmussen 等的方法，特征向量中心性均衡地考虑了该部门对整体经济的影响以及局部的关联关系。通过特征向量中心性来识别关键部门实际上是根据 Bonacich 早期对于关键部门的定义，即一个节点（部门）的重要性（中心性）取决于与其相邻的所有节点（部门）的重要性（中心性）之和。也就是说，如果与一个节点（部门）直接相邻的节点（部门）在这个网络系统中是非常关键的或者重要的，那么这个节点（部门）也是比较重要的。这种方法的实质是寻找价值在部门间流动的稳态，能够反映价值流动的规律。这种方式相对于设定阈值的方法更为客观严谨。

在产业结构识别的问题上，本章引入网络中模块性优化的方法。Rasmussen 等及前人的研究并没有明确定义产业群的概念。最早提出产业群概念的是 Campbell，他利用图论中分割子图的方法分离产业群。而这种做法的基础仍然是投入产出表转化的距离矩阵。虽然这种方法简单直接，在一定程度上来说是有效的，但是很明显距离矩阵并不能完全反映投入产出表的全部信息。此外，这种分割方法有可能将同一个产业分到两个不同的产业群中，不利于进行产业分析。而后 Slater 的方法则是主观地将一些关联性较强产业部门合并为一个节点，然后进行关联性强弱研究。总而言之，这些方法都没有给出客观的、严谨的产业结构识别方法。

之后随着网络理论的发展，有学者明确提出了社团的概念。网络中的顶点可以分成网络社团，社团内顶点间的连接比较稠密，社团间顶点的连接比较稀疏。对于产业群或者产业链来说，产业群内部的价值流动很活跃，而产业群之间的价值流动就较少。产业群的特点和社团非常相似。在实证部分本章利用模块性优化的方法成功将中国 42 个产业部门分离成若干类具有代表性的产业群。此外，通过对比不同年份产业群分离的状况，本章也成功刻画了中国 42 个产业部门最近 30 年的核心特征。

6.1 中国投入产出网络的构建

6.1.1 网络的基本概念

网络的概念最初源于图论，它是用来描述一些事物之间的某种特定联系或关系的一种方法。如果我们用集合 G = (N,Φ)、N ≠ Φ 来表示图或者网络，那么 $N = \{n_1, n_2, \cdots, n_N\}$ 就表示这个网络中的 N 个节点，$\Phi = \{l_1, l_2, \cdots, l_K\}$ 则表示网络中连接这些节点边。在简单的无向图中，如果点 i 和点 j 之间是相连的，那么我们就说点 i 和点 j 是邻接的，并且将连接他们的边记为 l_{ij}。如果网络是有向的，那么通常 $l_{ij} \neq l_{ji}$。在描述一个网络的过程中，我们最常用的就是它的邻接矩阵 $A = a_{ij}(i,j = 1,2,\cdots,N)$，其中

$$a_{ij} = \begin{cases} 1, \text{点 } i \text{ 和点 } j \text{ 是相连的} \\ 0, \text{点 } i \text{ 和点 } j \text{ 不相连} \end{cases}, (i,j = 1,2,\cdots,N) \quad (6.1)$$

在加权网络中，每条边都有不同的权重，那么它的邻接矩阵我们通常用权矩阵 $W = \{w_{ij}\}$ 来表示，w_{ij} 表示点 i 到点 j 的实际流量值。

如果我们用点来表示网络中的节点，线来表示网络中链接点的边，我们可以用图 6－1 分别表示无向网络、有向网络和加权网络。

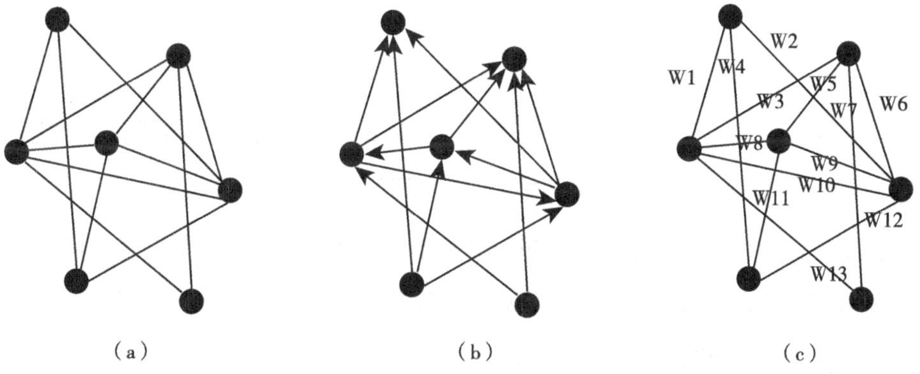

图 6－1　无向网络、有向网络和加权网络

6.1.2　投入产出网络

投入产出表展示了国民经济中各个行业部门之间的商品流动关系，

它是经济结构分析以及产业关联分析中的一个重要工具。在投入产出表中，每两个部门间的数字都代表着一段期间由一个部门流向另一个部门的商品价值总量，如果我们将每个行业部门看作是点，行业间的商品交易关系看作是边，那么投入产出表就构成了一个网络。

投入产出网络是一个加权、有向且带有自环的网络，部门间的商品流量价值就是边的权重。值得注意的是，在投入产出网络中，除了点与点之间即部门与部门之间存在流量关系以外，还存在边界流量流入和流出由所有行业部门构成的投入产出网络，也就是我们在投入产出表中看到的增加值部分和最终使用部分。我们可以将投入产出网络用以下的矩阵来表示：

$$T \equiv \begin{bmatrix} f_{11} & f_{12} & \cdots & f_{1n} & y_1 \\ f_{21} & f_{22} & \cdots & f_{2n} & y_2 \\ \vdots & \vdots & \ddots & \vdots & \vdots \\ f_{n1} & f_{n2} & \cdots & f_{nn} & y_n \\ z_1 & z_2 & \cdots & z_n & 0 \end{bmatrix} \equiv \begin{bmatrix} F & \overrightarrow{y} \\ \overrightarrow{z}^T & 0 \end{bmatrix} \tag{6.2}$$

其中，f_{ij} 表示从第 i 个节点（部门）流向第 j 个节点（部门）的流量值，代表了投入产出网络内部即部门与部门之间的流量关系。而 z_i 和 y_i 则表示投入产出网络的边界流量，z_i 是第 i 个部门的增加值部分，即从外部流入第 i 个部门的流量，y_i 是第 i 个部门的最终使用部分，即第 i 个部门流出投入产出网络的流量。

基于投入产出表数据，就可以得到投入产出网络 T(2.1)。之后本文通过计算投入产出网络的特征向量中心性来识别经济发展中的关键部门。

现在假设有一个单位的现金或者价值为一个单位的产品流入投入产出网络，在投入产出网络中进行随机游走，我们定义一个转移概率矩阵 Q，它的元素 q_{ij} 表示这一个单位的现金从部门 i 流向部门 j 的概率。那么对于某一时期内的投入产出表，q_{ij}可由公式（6.3）求出：

$$q_{ij} = \frac{f_{ij}}{\sum_j f_{ij} + y_i} = \frac{f_{ij}}{T_i} \tag{6.3}$$

$$Q \equiv \begin{bmatrix} q_{11} & q_{12} & \cdots & q_{1,n-1} & q_{1,n} \\ q_{21} & q_{22} & \cdots & q_{2,n-1} & q_{2,n} \\ \vdots & \vdots & \ddots & \vdots & \vdots \\ q_{n-1,1} & q_{n-1,2} & \cdots & q_{n-1,n-1} & q_{n-1,n} \\ q_{n,1} & q_{n,2} & \cdots & q_{n,n-1} & q_{n,n} \end{bmatrix} \tag{6.4}$$

首先，我们考虑在一个封闭网络的情况。第一步，假设这一个单位的现金是从某一个确定的部门开始流出，并且这一单位现金可以被拆分成很多部分，那么它将流向其他每一个部门的量就由上面的转移概率矩阵 Q 决定，接着第二步，它又将从各个部门再按照相同的转移概率流向下一轮的各个部门，同样还会有第三步、第四步……在很多轮的价值流动之后，这最初的一单位现金会流向各个部门，并且再从各个部门流出，这个流入流出的概率会达到一个稳定状态。在稳定状态下流入各个节点的概率即节点中心性（Freeman，1991）。

如果我们用向量 $\vec{p}$ 来表示稳定状态下的概率分布，那么向量 $\vec{p}$ 和转移概率矩阵 Q 满足下列关系：

$$\begin{aligned} p_1 &= p_1 q_{11} + p_2 q_{21} + \cdots \\ p_2 &= p_1 q_{12} + p_2 q_{22} + \cdots \\ &\vdots \\ p_n &= p_1 q_{1n} + p_2 q_{2n} + \cdots \end{aligned} \tag{6.5}$$

这些公式可以用矩阵运算的形式表达：$\vec{p} = Q\vec{p}$

因此，我们的目标就是寻找矩阵 Q 的一个特征向量，并且这个特征向量对应的特征根等于1，我们知道一个矩阵的特征向量的个数等于矩阵的维度，根据 Perron - Frobenius 定理，这个矩阵至少有一个特征向量的元素都为非负并且相加等于1，这保证了这个特征向量的元素可以用来表示概率。如果考虑到网络中的流量会通过最终使用部分流出网络，那么转移概率矩阵的行和就不再等于1，因为初始1单位现金有一定的概率会流入最终使用部分从而离开中间产品部门，那么中心性的特征向量所对应的特征根就应该小于1。

对于投入产出网络而言，稳定状态下的价值分布 $\vec{p}$ 反映了产业中价值（资本）的聚集程度，反映了产业在经济结构中的地位。此外，某一产业的重要性可以由其他的节点的重要性线性表示。一个产业的重要性与关联产业的重要性呈线性相关。特征向量中心性不仅能够刻画产业自身的价值流动特征，也反映了关联产业的重要性。相较于传统的投入产出关联分析，这种方法更强调产业部门之间的相互影响。

6.2 投入产出网络的拓扑特征

6.2.1 节点（部门）强度与聚类系数

在简单图论中，节点 i 的度 k_i 可以用邻接矩阵 $\{a_{ij}\}$ 表示为 $k_i = \sum_{j=1}^{n} a_{ij}$，即与节点 i 连接的边数总和。节点的度越大，代表与该节点直接相连的节点越多。在有向图中，节点的度分为出度和入度两个部分，节点 i 的出度 k_i^{out} 代表从 i 出发的与其他节点相连的边数之和，即 $k_i^{out} = \sum_j a_{ij}$，节点 i 的入度 k_i^{in} 则代表所有从其他点指向节点 i 的连接边数之和，即 $k_i^{in} = \sum_j a_{ji}$，那么，此时节点 i 的总度数即该节点的出度与入度之和，

$k_i = k_i^{in} + k_i^{in}$。在探究整个网络最基本的拓扑特征时，通常会用到网络的度分布，网络的度分布 $p(k)$ 是指在网络中任选一个节点，它的度等于 k 的概率。

对于加权网络来说，和简单图中节点度相对应的就是节点强度，与节点度的定义类似，节点的强度是指与该节点相连的所有边的权重之和。同样，对于加权有向图，节点强度也分为出强度和入强度，分别表示从该节点出发的连接边的权重之和和指向该节点的连接边的权重之和。那么在投入产出网络中，节点 i 的强度可以表示为：

$$s_i^{in} = \sum_j f_{ji} = F_{\cdot i} \tag{6.6}$$

$$s_i^{out} = \sum_j f_{ij} = F_{i\cdot} \tag{6.7}$$

在简单的二元网络中，聚类系数是用来描述网络是如何“丛生”的。例如，社交网络往往是“丛生”的，因为一群人往往相互熟悉。对于一个无向的二元网络，节点 i 的聚类系数表示的是节点 i 的邻居之间相互连接的紧密程度，如果我们用邻接矩阵 A 的元素来具体量化节点 i 的聚类系数，则为：

$$C(i) = \frac{\sum_{jk} a_{ij}\, a_{jk}\, a_{ki}}{\sum_{jk} a_{ij}\, a_{ki}} \tag{6.8}$$

分母计算了节点 i 的邻居对的所有组合，它的值就是 $2k_i(k_i - 1)$，其中 k_i 为节点 i 的度数。通过包含一个额外的 a_{jk} 项，分子只计算与节点 i 最邻近的节点中有多少自身也是相互连接的。

聚类系数其实是在描述一个网络中存在的三角形形态。对于加权网络来说，可以将公式（6.8）中的 a_{ij} 换成 f_{ij}，而对于有向网络来说，这里介绍 Fagiolo 的方法。在有向网络中，三个节点间应该最多有 6 条连接，考虑到每一种情况，有向网络有五种不同的聚类系数的表达：

$$C^{cyc}(i) = \frac{\sum_{j,k} F_{ij} F_{jk} F_{ki}}{\sum_{j \neq k} f_{ki} f_{ij}} = \frac{(F^3)_{ii}}{s_i^{in} s_i^{out} - s_i^{\leftrightarrow}} \tag{6.9}$$

$$C^{mid}(i) = \frac{\sum_{j,k} f_{ij} f_{jk} f_{ki}}{\sum_{j \neq k} f_{ki} f_{ij}} = \frac{(F F^T F)_{ii}}{s_i^{in} s_i^{out} - s_i^{\leftrightarrow}} \tag{6.10}$$

$$C^{in}(i) = \frac{\sum_{j,k} f_{ji} f_{jk} f_{ki}}{\sum_{j \neq k} f_{ki} f_{ji}} = \frac{(F^T F^2)_{ii}}{(s_i^{in})^2 - s_i^{in}} \tag{6.11}$$

$$C^{out}(i) = \frac{\sum_{j,k} f_{ij} f_{jk} f_{ki}}{\sum_{j \neq k} f_{ik} f_{ij}} = \frac{(F^2 F^T)_{ii}}{(s_i^{out})^2 - s_i^{out}} \tag{6.12}$$

$$C^{all}(i) = \frac{\sum_{j,k} (f_{ij} + f_{ji})(f_{jk} + f_{kj})(f_{ki} + f_{ik})}{\sum_{j \neq k} (f_{ki} + f_{ik})(f_{ij} + f_{ji})} = \frac{(F + F^3)}{2[s_i^{tot}(s_i^{tot} - 1) - 2 s_i^{\leftrightarrow}]} \tag{6.13}$$

6.2.2 投入产出网络的特征向量中心性

网络的中心性在网络分析中是非常重要的一部分，它探究的是节点重要性的问题。在投入产出网络中，中心性较大的节点所对应的部门相对来说处于更加关键的地位，找到这些部门能让我们很快了解国家的经济结构特点，为国家宏观政策的发布以及维持国民经济的稳定作指引。

网络节点中心性的度量已经在很长一段时间里得到了广泛的研究。最早出现的中心性概念是 Bavelas 在 1948 年提出的将中心性应用于人际交流的想法，他特别关注小团体中人与人之间的交流。对于中心性的第一项研究应用就是 20 世纪 40 年代后期由 Bavelas 指导在 MIT 网络实验室进行的。第一项研究由 Leavitt（1949）和 Smith（1950）执行，并由 Bavelas（1950）、Barrett（1951）和 Leavitt（1951）记录形成详细报告。这些报告的结论都认为中心性与团队解决问题的效率、领导观念以及团队成员个人满意度紧密相关。随后，中心性的概念开始逐渐被应用。例如，Czepiel 在 1974 年试图用中心性的概念解释钢铁行业中技术创新的扩散模式，他发现行业中处于更加中心位置的企业普遍会更快地适应技术创新。随着对网络中心性的应用越来越多，大家普遍都认可了中心性是社交网络中的重要结构属性，但是对于中心性的概念以及其定性测量均没有一个统一清晰的结果。

Freeman（1978）明确总结了图论中的中心性的概念，并给出了几种中心性测量的基本方法，包括度中心性、紧密中心性以及他在 1977 年提出的中介中心性，一个节点的中介中心性定义为其与其他节点对之间的最短路径的平均数。Freeman 在 1979 年对紧密中心性又做了更加详细的介绍，它通常被定义为从所有节点到给定节点的平均最短路径的倒数，同时他还定义了特征值中心性。对于加权网络，节点间不再是连接与不连接的简单二元关系，而是涉及节点间的流量大小，因此，Freeman 在 1991 年又提出了流中心性，它是基于节点间可以通过的最大流量来计算的，这个最大流量包含了非最短路径的影响。Borgatti 在 2005 年也对流中心性做了进一步的研究。但是这些中心性测量方法都有一个前提，就是网络中任意两个节点对之间的最短路径是已知的，在此基础上再去测算节点的中心性。但是在很多情况下，特别是在一个网络拥有的节点数很多的时候，节点间的最短路径是很难直接测算的。为了解决这个问题，Newman 在 2005 年提出了随机游走中心性，他对网络中所有可能的随机游走的有效访问进行了平均。

以上的中心性测量方法在投入产出网络中却是很难被直接应用的。主要原因有三个，首先，投入产出网络通常密度较大，几乎完全连接，因此，应用基于最短路径的中心性测量方法是没有意义的，必须考虑到每条边的权重来进行中心性测量。其次，投入产出网络是有向的。最后，在投入产出网络中存在着很多自环现象。在近些年的研究中，一些学者将中心性的概念拓展到了具有投入产出网络特征的一些网络中。例如，White 和 Borgatti 在 1994 年介绍了有向网络的中心性测量方法。Blöchl 等在 2011 年提出了两种基于随机游走的节点中心性度量方法，应用于投入产出网络中，可以同时考虑到投入产出网络的加权、有向和自环三个特性。

计算网络中心性的方法有很多，本节只介绍其中最为广泛应用的四种：度中心性（Degree Centrality）、中介中心性（Betweenness Centrality）、紧密中心性（Closeness Centrality）和特征向量中心性（Eigenvector Centrality）。

1. 度中心性

度中心性其实就是根据节点的度数来判断其在网络中的重要性，它是刻画节点中心性最直接的一种方法，节点的度越大，与它直接相连的节点就越多，该节点在网络中就越重要。节点度的计算方法已经在上一节中介绍过了，显然节点度的大小和网络规模是紧密相关的，网络节点越多规模越大，节点度的最大可能值就越大。那么为了消除网络规模变化对度中心性的影响，将节点的度除以该网络可能出现的最大的节点度作为节点度中心性的衡量方法：

$$C_i^D = \frac{k_i}{n-1} = \frac{\sum_{j=1}^{n} a_{ij}}{n-1},\ i = 1,2,\cdots,n \tag{6.14}$$

在简单图中，一个节点最多可以和剩下的 $n-1$ 个节点相连，节点度的最大值即为 $n-1$。这样，度中心性 C_i^D 的大小就在 0 到 1 之间，值越大，说明节点度中心性越大，节点重要性越大，如果等于 0，说明该节点与任意其他节点都不相连（孤点），如果等于 1 则说明该节点与其他所有节点都直接相连。

2. 中介中心性

中介中心性的思想是通过节点落在除该节点外的两个节点之间的最短路径上的概率来衡量节点的重要性。以社会网络为例，如果信息从 A 传递到 B 至少要经过 2 个人，而 C 刚好是这 2 人之一，那么这时 C 作为 A 和 B 的中介就处于中心位置，C 的重要性在于 A 和 B 之间的信息交流必须经过他，他可以阻止信息的传递或者破坏信息的真实性，也可以选择完好无损地传递信息，也就是说处于中介位置的人是有潜在的控制其他人之间的交流的可能的。这种潜在的可能性就决定了这个人在网络中的重要性，即我们所说的中介中心性。但是有些时候，两个人之间的信息交流不一定只存在一种最短路径，这时我们就用落在任意一条最短路径上的概率来衡量节点的中心性大小：

$$b_{ij}(p_k) = \frac{1}{g_{ij}} \times g_{ij}(p_k) = \frac{g_{ij}(p_k)}{g_{ij}} \tag{6.15}$$

其中，$b_{ij}(p_k)$ 代表节点 p_k 落在节点 p_i 和 p_j 任意一条最短路径上的概率，g_{ij} 表示节点 p_i 和 p_j 之间最短路径的数量，$g_{ij}(p_k)$ 则代表着节点 p_k 一共落在节点 p_i 和 p_j 之间的多少条最短路径上。那么将节点 p_k 落在所有的节点对的最短路径上的概率相加就能得到节点 p_k 的总体中心性大小：

$$C_B(p_k) = \sum_{i<j}^{n} \sum_{i<j}^{n} b_{ij}(p_k), \; i \neq j \neq k \tag{6.16}$$

在介绍度中心性的时候我们提到没有进行归一化处理的度中性大小是和网络的规模大小有关的，同样，$C_B(p_k)$ 也受网络规模大小的影响，在对中介中心性的实际应用中，一些情况下如果它不受网络规模大小的影响会对实际应用更加有帮助，因此需要找到一个与网络规模大小相关的计算 $C_B(p_k)$ 最大值的方法。Freeman（1977）证明了 $C_B(p_k)$ 的最大值只出现在一种情况下，即点 p_k 与所有其他点都相连，但其他所有点之间都互不相连，此时，最大值为 $\frac{n^2-3n+2}{2}$。因此，每个节点的归一化中介中心性即可表示为：

$$C'_B(p_k) = \frac{2C_B(p_k)}{n^2-3n+2} \tag{6.17}$$

中介中心性体现了节点在网络结构中作为中介人的重要性，它是用来衡量节点潜在的控制信息交流能力的一种非常重要的中心性方法。

3. 紧密中心性

紧密中心性和中介中心性一样，也是和节点潜在的控制信息交流的能力相关，但是紧密中心性是用另一种方式来衡量这种能力的，它是通过节点与其他所有节点的紧密程度来衡量节点的重要性。Bavelas 在 1950 年对非中心位置的定义是必须通过其他人来传递信息的位置，因此相反的，对于中心位置的定义，Leavitt（1951）提出是指不依赖其他人作为中介来传递信息的位置。也就是说在网络中一个节点的独立性越高，它的中心性就越高，而节点的独立性则是由它与网络中所有其他节点的紧密性决定的。如何来衡量一个节点与其他所有节点之间的紧密程度呢？一个最简单的方法就是将该节点到所有其他节点的最短路径长度进行加总，这个最短路径之和越大说明该节点与其他节点的紧密度越低，最短路径之和越小说明该节点与其他节点的紧密度越高，因此，节点的紧密中心性可以用该节点最短路径之和的倒数来衡量：

$$C_C(p_k) = \frac{1}{\sum_{i=1}^{n} d(p_i, p_k)} \tag{6.18}$$

其中，$d(p_i, p_k)$ 是指节点 p_i 到 p_k 的最短路径长度。

4. 特征向量中心性

前面讲的中介中心性和紧密中心性都是从网络路径的角度去考虑网

络节点的重要性，特征向量中心性和这两者的思想不同，它认为如果与一个节点相连的节点都是网络中重要性较高的节点，那么这个节点的重要性也很高，因此，节点的中心性大小取决于与它相连的其他节点的中心性大小。

根据这个思想，节点 i 的特征向量中心性可以表示为：

$$x_i = \frac{1}{\lambda}\sum_{j=1}^{n} a_{ij}x_j \tag{6.19}$$

其中，λ 是常数，$\sum_{j=1}^{n} a_{ij}x_j$ 是与节点 i 相连的所有节点的中心性之和，因此，该式表明节点 i 的特征向量中心性与和它相连的所有节点的中心性之和成某种比例关系。如果我们将 n 个节点的中心性定义为一个向量 $x = (x_1, x_2, \cdots, x_n)$，那么，式（6.19）可以写成矩阵的形式：

$$\lambda x = A \cdot x \tag{6.20}$$

从式（6.20）可以看出 λ 是矩阵 A 的特征根，x 是其对应的特征向量，如果我们认为所有节点的中心性都是非负的，那么根据 Perron – Frobenius 定理，λ 为矩阵 A 的最大特征根，x 为最大特征根对应的特征向量。

6.2.3 投入产出网络社团结构

现实世界中的网络几乎都不是随机网络，因为它们总是拥有较大的不均匀性，表现出高度的秩序性和组织性。度分布广泛，尾部往往遵循幂定律，因此，许多低度顶点与一些高度顶点并存。此外，边缘的分布不仅是全局的，而且是局部不均匀的，特定顶点组内边缘密度较高而这些组之间密度较低。现实网络中的这个特征被称为社团结构（Newman 和 Girvan，2003）。网络的社团结构其实已经被研究了很长一段时间，社团结构也被应用到生物学、计算机、工程学、政治学及经济学等多种网络系统中。

识别网络中的社团结构是十分重要的，通过节点在社团中的结构化位置，可以对社团内部关键节点及边缘节点进行识别，在社团中具有中心位置的节点往往在社团内部有重要的控制和稳定功能，而位于社团边界的顶点则扮演着重要的调解角色，并引导着不同社团之间的关系和交流（Burt，1976；Freeman，1977；Granovetter，1973）。社团结构识别的重要性还体现在另一方面，就是大多数现实生活中的网络系统都存在一些等级结构，一个大的网络通常是由较小的子网络构成，而这些子网络又包括更小的子网络。人体就提供了一个很好的分层组织范例，人体由器官组成，器官由细胞组织等构成。Simon（1962）强调了这种分层结构在复杂系统的结构和演化中所起到的关键作用。在相关联系紧密的、结构稳定的子网络中，信息的传递及结构的演化要比那些非结构化的子网络快得多，因为通过先组建最小的子网络再由小的子网络构成完整的网络结构是相对容易的。

网络中探测社团结构的目的其实就是从网络的拓扑结构中识别模块化结构以及可能存在的分层组织结构。学术界对于网络社团结构探测的研究有着悠久的历史，并且在不同的学科中以各种形式出现。Weiss 和 Jacobson 在 1955 年对社区结构进行了第一次分析，他们在政府机构内寻找工作组。作者研究了该机构成员之间的工作关系矩阵，这些关系通过私人访谈来确定。工作组之间通过移除与不同团体成员一起工作的成员来分离工作组，这些成员作为他们之间的“连接器”。这种切断群体间桥梁的想法是基于几种现代社区检测算法的基础。在人们发现探测网络社团结构的重要性后，就开始有大量研究致力于开发算法工具来实现网络社团结构的探测，Danon 等在 2005 年对这些社团探测方法进行过详细的总结，但是这些方法都只是在分析无向网络的情况。而对于有向网络的探测最常见的方法是简单地忽略边的方向而将其简化为无向网络进行计算。随后，Leieht 和 Newman 在 2007 年提出了有向网络的社团探测的方法，该方法是基于 Newman 在 2004 年提出的在无向网络中探测社团结构的模块性优化方法进行的优化扩展。国内也有学者有许多这方面的研究，例如，刘亚冰（2010）、刘晋霞等（2011）、李君秋（2014）、庞垠（2015）等均对网络社团结构的探测方法进行了研究。

在网络理论中社团可以被视作子网络。如果网络中有一部分节点之间的联系非常紧密，而这部分节点与其他节点的连接相对较稀疏，那么这部分节点就可以被认为从属于相同社团。网络中的社团结构有助于提升对网络整体布局的认知。网络的社团结构中往往包含网络节点间一些隐蔽的联系，或者说是无法直接从简单的网络拓扑结构中观察到的联系。

在产业结构的分析中，我们一般将产业群定义为：在价值活动的基础上，特定区域内业务上相互关联的众多产业以及相关机构的聚集即“产业群”。产业群内的价值流动发生较为频繁，产业群之间的价值流动相对较少。如果将投入产出数据转化为投入产出网络的形式，那么产业群的划分问题等价于投入产出网络的社团分离问题。

产业结构网络密度指的是产业结构网络中各产业部门之间联系的紧密程度，其数值由经济网络中实际存在的关系数量除以理论上可能存在的关系数量得到，可以反映产业部门间联系的紧密程度。密度值介于 0 到 1 之间，密度变大说明部门间的联系加强，活跃的产业部门增多，更多的产业在经济发展中发挥作用；密度变小则说明部门间的联系减弱，活跃的产业部门减少，在经济发展中发挥作用的产业减少。产业结构网络密度可以由关联矩阵得到，计算公式如下：

$$D = \frac{\sum_{i}^{n}\sum_{j}^{n} Z_{ij}}{n^2} \times A_{ij} \tag{6.21}$$

其中，A 为直接消耗系数矩阵，Z 为关联矩阵，关联矩阵元素 $Z_{ij}=\begin{cases}1(x_{ij}\neq 0)\\0(x_{ij}=0)\end{cases}$。

网络社团结构的探测方法有很多种，Leicht 和 Newman 在 2008 年提出针对有向网络的社团探测方法。基于这种模块性最优化的方法，本章结合投入产出网络加权有向特征，构建了投入产出网络社团分离方法。

模块性最优化方法通过引入一个方程来衡量网络是否被很好地划分成了若干个社团。模块性方程的值就称为模块性，模块性越大说明划分的社团结构越好。模块性方程表示如下：

$$M = \text{社团内部节点连接比例} - \text{社团内部节点的期望连接比例} \tag{6.22}$$

期望连接比例是指将一个随机网络按照同样的方式划分的社团内部节点之间的连接数占整个网络中节点连接数的比例。因此，网络社团结构的探测就是寻找最大化的 M 值所对应的社团划分方式。社团内部节点的期望连接比例一般是通过构造一个和原始网络拥有相同节点度的随机网络来计算的，在这个随机网络中，节点 i 和节点 j 之间存在连接边的概率是 $k_i k_j/2m$，其中，k_i 和 k_j 分别是节点 i 和节点 j 的度，m 是网络中节点连接边的总数，那么模块性就可以写为：

$$M = \frac{1}{2m}\sum_{ij}\left[A_{ij} - \frac{k_i k_j}{2m}\right]\delta_{c_i,c_j} \tag{6.23}$$

其中，A_{ij} 是邻接矩阵中的元素，δ 是克罗内克函数，c_i 和 c_j 分别代表节点 i 和节点 j 所属的社团，即：

$$\delta_{c_i,c_j} = \begin{cases}1, c_i = c_j\\0, c_i \neq c_j\end{cases} \tag{6.24}$$

在网络所有可能的社团结构划分中找到使得 M 值最大的方式，即为网络社团结构的最优划分方式。在这个方法中，无论是社团的数量还是社团的大小都是未知的，都需要通过最优化模块性来确定。

这里首先介绍有向无权网络的划分方法。对于有向无权网络而言，如果已知所有节点的出度 K^{out}（从节点出发与其他节点相连的边数之和）以及入度 K^{in}（所有从其他点指向节点的连接边数之和），我们可以随机生成所有满足条件的有向无权网络。在所有满足条件的有向无权网络中，节点 i 和节点 j 之间存在连接边的概率为 $\frac{K_i^{out}K_j^{in}}{m}$，其中 K_i^{out} 和 K_j^{in} 分别是节点 i 的出度和节点 j 的入度，m 是网络中节点连接边的总数（$m=n^2$）。对于任何给定的有向无权网络而言，通过观察邻接矩阵可以观测节点之间是否存在连接边（$A_{ij}=1$ 代表节点 i 与节点 j 之间存在连接）。基于实际观测与连接概率之间的关系，模块性优化算法可以判断节点是否从属于一个社团。那么有向无权网络社团模块性优化方法定义如下：

$$\max M = \frac{1}{m}\sum_{i,j}\left[A_{ij} - \frac{K_i^{out}K_j^{in}}{m}\right]\delta_{i,j}$$

$$s.t.\ FORi \neq j \neq m(i,j,m \in N^+),IF\ \delta_{i,j} = 1,then\ \delta_{m,j} = 1$$

$$\delta_{i,j} = \begin{cases}1,if\ note\ i\ and\ j\ belong\ to\ the\ same\ community\\0,otherwise\end{cases} \tag{6.25}$$

在优化的过程中，通过不断改变克罗内克函数 $\delta_{i,j}$ 的值来控制节点分组，最终找到最大化 M 的社团划分方式。

而投入产出网络实质上是一个加权有向的网络。因此，需要对以上有向无权网络社团划分 v 方法做一些改进。n 产业部门的投入产出网络社团划分方法如下：

$$\max M = \frac{1}{\sum_{i=1,j=1}^{n} f_{ij}}\sum_{i,j}\left[f_{ij} - \frac{K_i^{out}K_j^{in}}{\sum_{i=1,j=1}^{n} f_{ij}}\right]\delta_{i,j}$$

$$s.t.\ FORi \neq j \neq m(i,j,m \in N^+),IF\ \delta_{i,j} = 1\&\ \delta_{i,m} = 1,then\ \delta_{m,j} = 1$$

$$\delta_{i,j} = \begin{cases} 1, if\ note\ i\ and\ j\ belong\ to\ the\ same\ community \\ 0, otherwise \end{cases} \tag{6.26}$$

其中，f_{ij} 是投入产出邻接矩阵 F 的元素，反映部门 i 与部门 j 之前观测到的价值流动。为了说明这种划分方式的合理性，下面对 $\frac{K_i^{out} K_j^{in}}{\sum_{i,j} f_{ij}}$ 做一个简单的变换。

$$K_i^{out} = n \times \overline{f_i^{out}} \tag{6.27}$$

$$K_j^{in} = n \times \overline{f_i^{in}} \tag{6.28}$$

$$\sum_{i,j} A_{ij} = n \times n \times \overline{f_{ij}} \tag{6.29}$$

其中，$\overline{f_i^{out}}$、$\overline{f_i^{in}}$ 与 $\overline{f_{ij}}$ 分别表示部门 i 的平均中间产出、平均中间使用以及所有部门的平均中间投入。

通过以上变换，我们可以推导出 $\frac{K_i^{out} K_j^{in}}{\sum_{i,j} f_{ij}} = \frac{\overline{A_i^{out}}\ \overline{A_j^{in}}}{\overline{A_{ij}}}$。那么实质上该方法是在比较部门间实际价值流量 f_{ij} 与部门之间的价值流动平均水平 $\frac{\overline{A_i^{out}}\ \overline{A_j^{in}}}{\overline{A_{ij}}}$。如果某两个产业之间的价值流动相对来说较为活跃，那么这两个产业从属于同一产业群。

6.3 1992—2020 年中国投入产出网络特征向量中心性

利用 6.2.3 节中介绍的方法可以计算得到我国 1992—2020 年投入产出网络内 42 个产品部门的中心性，表 6 – 1 为 42 个部门的名称及其相对应的代码，表 6 – 2 为中心性计算结果。

表 6－1　投入产出表产品部门及代码

代码	产品部门名称	代码	产品部门名称
1	农林牧渔业	22	废品废料
2	煤炭开采和洗选业	23	电力、热力的生产和供应业
3	石油和天然气开采业	24	燃气生产和供应业
4	金属矿采选业	25	水的生产和供应业
5	非金属矿及其他矿采选业	26	建筑业
6	食品及烟草加工业	27	交通运输和仓储业
7	纺织业	28	邮政业
8	纺织服装鞋帽皮革羽绒及其制品业	29	信息传输、计算机服务和软件业
9	木材加工及家具制造业	30	批发零售业
10	造纸印刷及文教体育用品制造业	31	住宿和餐饮业
11	石油加工炼焦及核燃料加工业	32	金融业
12	化学工业	33	房地产业
13	非金属矿物制品业	34	租赁和商务服务业
14	金属冶炼及压延加工业	35	研究与试验发展业
15	金属制品业	36	综合技术服务业
16	通用、专用设备制造业	37	地质勘探、水利环境和公共设施管理业
17	交通运输设备制造业	38	居民服务和其他服务业
18	电气机械及器材制造业	39	教育业
19	通信设备、计算机及其他电子设备制造业	40	卫生、社会保障和社会福利业
20	仪器仪表及文化办公用机械制造业	41	文化体育和娱乐业
21	工艺品及其他制造业	42	公共管理和社会组织

表 6－2　1992—2020 年特征向量中心性排序

排序	1992 年		1997 年		2002 年		2007 年		2012 年		2017 年		2020 年	
	部门编号	值	部门编号	值	部门编号	值	部门编号	值	部门编号	值	部门编号	值	部门编号	值
1	1	0.80	1	0.92	12	0.71	14	0.76	14	0.77	14	0.85	14	0.94
2	12	0.58	6	0.67	1	0.60	12	0.63	12	0.67	26	0.53	26	0.54
3	6	0.52	12	0.59	14	0.46	26	0.41	26	0.47	12	0.43	4	0.34
4	7	0.44	7	0.29	26	0.46	16	0.34	13	0.29	13	0.33	13	0.32

续表

排序	1992年		1997年		2002年		2007年		2012年		2017年		2020年	
	部门编号	值	部门编号	值	部门编号	值	部门编号	值	部门编号	值	部门编号	值	部门编号	值
5	30	0. 36	30	0. 22	6	0. 35	18	0. 30	16	0. 29	18	0. 31	18	0. 32
6	14	0. 25	26	0. 20	16	0. 28	19	0. 26	18	0. 28	16	0. 28	12	0. 27
7	26	0. 25	13	0. 20	27	0. 27	1	0. 26	1	0. 23	4	0. 25	16	0. 27
8	16	0. 24	8	0. 13	30	0. 26	13	0. 24	6	0. 22	15	0. 24	15	0. 25
9	32	0. 22	16	0. 12	7	0. 19	23	0. 24	17	0. 22	6	0. 22	11	0. 19
10	27	0. 21	14	0. 12	18	0. 19	6	0. 23	15	0. 21	23	0. 21	27	0. 17
11	13	0. 20	27	0. 11	19	0. 19	17	0. 23	23	0. 20	1	0. 21	23	0. 17
12	10	0. 15	31	0. 11	13	0. 18	11	0. 22	11	0. 20	27	0. 20	17	0. 17
13	8	0. 14	18	0. 11	15	0. 18	27	0. 22	27	0. 20	11	0. 20	6	0. 17
14	15	0. 13	10	0. 10	11	0. 17	15	0. 21	4	0. 19	17	0. 19	1	0. 17
15	18	0. 11	15	0. 10	17	0. 17	4	0. 19	19	0. 17	32	0. 18	32	0. 15
16	17	0. 09	23	0. 09	23	0. 17	30	0. 15	32	0. 15	19	0. 18	19	0. 15
17	31	0. 09	32	0. 09	31	0. 13	7	0. 13	30	0. 14	30	0. 17	30	0. 14
18	23	0. 08	11	0. 07	32	0. 12	3	0. 11	2	0. 10	34	0. 10	34	0. 09
19	11	0. 07	17	0. 07	10	0. 12	32	0. 10	34	0. 10	2	0. 09	3	0. 08
20	33	0. 06	19	0. 06	8	0. 09	2	0. 08	10	0. 09	7	0. 08	2	0. 08
21	21	0. 06	21	0. 05	9	0. 09	31	0. 08	7	0. 09	3	0. 08	7	0. 06
22	40	0. 04	2	0. 05	29	0. 09	40	0. 08	3	0. 08	10	0. 07	29	0. 06
23	2	0. 04	34	0. 05	34	0. 09	10	0. 08	40	0. 07	9	0. 06	36	0. 06
24	19	0. 04	40	0. 05	40	0. 08	8	0. 07	9	0. 06	29	0. 06	9	0. 05
25	42	0. 04	9	0. 05	3	0. 07	22	0. 07	31	0. 06	36	0. 06	10	0. 04
26	9	0. 04	5	0. 04	2	0. 07	34	0. 06	8	0. 06	31	0. 05	37	0. 04
27	5	0. 03	42	0. 03	4	0. 06	9	0. 06	22	0. 05	8	0. 05	8	0. 04
28	3	0. 03	3	0. 03	5	0. 06	29	0. 05	36	0. 04	33	0. 04	5	0. 04
29	34	0. 03	38	0. 03	42	0. 05	5	0. 04	29	0. 04	40	0. 04	31	0. 04
30	38	0. 02	29	0. 03	38	0. 05	21	0. 04	5	0. 03	37	0. 04	33	0. 03
31	4	0. 02	4	0. 02	20	0. 04	38	0. 04	37	0. 03	5	0. 04	22	0. 03
32	20	0. 02	33	0. 02	21	0. 04	20	0. 04	38	0. 03	22	0. 04	42	0. 03

续表

排序	1992 年		1997 年		2002 年		2007 年		2012 年		2017 年		2020 年	
	部门编号	值	部门编号	值	部门编号	值	部门编号	值	部门编号	值	部门编号	值	部门编号	值
33	22	0.02	39	0.02	33	0.04	36	0.03	33	0.03	42	0.03	35	0.02
34	37	0.02	20	0.01	39	0.04	42	0.03	20	0.03	38	0.03	38	0.02
35	41	0.01	37	0.01	22	0.02	39	0.02	42	0.02	20	0.03	20	0.02
36	39	0.01	41	0.01	37	0.02	33	0.02	35	0.02	35	0.02	40	0.02
37	29	0.01	22	0.01	36	0.02	41	0.01	39	0.01	21	0.01	21	0.01
38	36	0.01	36	0.01	41	0.02	35	0.01	41	0.01	41	0.01	41	0.01
39	25	0.01	25	0.01	25	0.01	37	0.01	21	0.01	39	0.01	39	0.01
40	35	0.00	28	0.00	28	0.01	24	0.01	24	0.01	24	0.01	24	0.01
41	24	0.00	35	0.00	35	0.01	25	0.01	28	0.00	28	0.01	28	0.00
42	28	0.00	24	0.00	24	0.01	28	0.00	25	0.00	25	0.00	25	0.00

用特征向量中心性来识别关键部门实际上是根据 Bonacich（1972）早期对于关键部门的定义，即一个节点（部门）的重要性（中心性）取决于与其相邻的所有节点（部门）的重要性（中心性）之和。也就是说，如果与一个节点（部门）直接相邻的节点（部门）在这个网络系统中是非常关键的或者重要的，那么这个节点（部门）也是比较重要的。

从表 6 -2 中的计算结果可以看到，1992—2020 年中心性一直处于较靠前位置的部门有化学工业、金属冶炼及压延加工业，说明这两个行业在我国国民经济体系中一直处于非常关键的位置，并且在未来的一段时间，它们也仍将是关键部门，在我国的宏观调控、结构调整中，要十分注意这两个部门的发展。

1992—2020 年，中心性持续下降的行业有农林牧渔业、食品及烟草加工业、纺织业、服装鞋帽皮革羽绒及其制品业、造纸印刷及文教体育用品制造业和工艺品及其他制造业，而中心性持续上升的行业有金属矿采选业、金属冶炼及压延加工业、金属制品业、电气机械及器材制造业、建筑业、科学研究事业、综合技术服务事业和地质勘探、水利环境和公共设施管理业。可以看到随着时间的推移，一些传统产业包括农林牧渔业及传统制造业在国民经济体系中的重要性是在逐渐减弱的。其中最为突出、下降最快的就是农林牧渔业、食品及烟草加工业、纺织业和造纸印刷及文教体育用品制造业，这些行业在过去的中国属于支柱产业，但随着经济社会的发展、科技的进步以及工业化进程的推进，一些技术密集型制造行业以及现代服务业逐渐在我国经济中占据越来越重要的地位，像中心性上升较快的电气机械及器材制造业、综合技术服务业等。另一个值得注意的是，建筑业的中心性排名在1992—2020年迅速提升，这也与我国不断推动城镇化建设进程相呼应，体现了建筑业在我国国民经济中的关键地位越来越突出。

如果将1992—2020年分为1992—2002年、2002—2012年、2012—2020年三个阶段，表6－3列出了分别在这三个阶段中中心性上升最快和下降最快的行业。

表6－3　1992—2020年中心性变动较大行业汇总

时期	1992—2002年	2002—2012年	2012—2020年
中心性上升最快的行业	建筑业 金属冶炼 电子设备制造业 化学工业	金属冶炼 金属矿采选业 非金属矿物制品业 电气机械及器材制造业 交运设备制造业	金属冶炼 金属矿采选业 建筑业 金属制品业 电气机械及器材制造业
中心性下降最快的行业	纺织业 农林牧渔业 食品及烟草制品业	农林牧渔业 食品及烟草制品业 批发零售业 纺织业	化学工业 农林牧渔业 造纸印刷业 食品及烟草制品业

6.3.1 中国投入产出网络社团结构探测

网络本身的连接结构决定着在网络内部会存在部分节点间的联系十分紧密，而与其他节点间的联系则相对而言不那么紧密，这就是网络中的社团结构。通过识别网络中的社团分布可以有助于我们对网络结构有一个更加清晰的认识，一方面我们可能从社团结构中发现一些节点间比较隐蔽的联系，另一方面也可以从社团结构中去验证节点间由我们的经验而已知的联系。

在产业结构的分析中，我们一般将产业群定义为：在价值活动的基础上，特定区域内业务上相互关联的众多产业以及相关机构的聚集即“产业群”。产业群内的价值流动发生较为频繁，产业群之间的价值流动相对较少。如果将投入产出数据转化为投入产出网络的形式，那么产业群的划分问题等价于投入产出网络的社团分离问题。在投入产出网络中，我们通过识别社团结构，可以找到国民经济中产业群聚特征，从而对产业关联关系有一个更加立体、系统化的认知。一个行业发生变化，我们能快速知道与其所处同一个社团内的行业会最快受到波及影响，而其他社团内的行业则会随后受到影响，这与传统的里昂惕夫产业关联分析法有所不同，后者只是通过计算影响力系数和感应度系数计算一个行业对整个经济的影响力，而无法刻画出行业变动的影响是如何在整个国民经济中进行扩散的。与此同时，明确了投入产出网络的社团结构有助于我们优化国民经济产业布局，同一个社团内的行业间联系是十分紧密的，那么如果能对处于同一个社团内的行业进行合理布局，则有助于发挥产业集群的协同效应，最大化社团内部行业间的关联关系，提高生产效率。同时，也可以根据社团与社团间的联系优化产业的分层布局，从而达到整个经济体的协同发展。因此，探测投入产出网络的社团结构对于国家产业布局、国家产业结构调控均有十分重要的参考意义。

通过计算投入产出网络的网络密度（见表6－4）可以看出，近30年中国投入产出网络的网络密度基本保持在0.9以上，其中，1992—1996年，产业结构网络密度增大；1997—2002年，产业结构网络密度减少，跌下0.9的水平；2003年以后，产业结构网络密度又不断增大，回归0.9以上的水平。整体反映出中国产业部门之间的联系比较紧密。

表6－4　中国1992—2020年投入产出网络的网络密度

年份	网络密度	年份	网络密度
1992	0.932347	2007	0.932875
1993	0.937632	2008	0.941332
1994	0.937632	2009	0.941332
1995	0.937632	2010	0.941332
1996	0.937632	2011	0.94186
1997	0.879493	2012	0.930233
1998	0.886364	2013	0.919662
1999	0.886364	2014	0.919662
2000	0.886364	2015	0.919662
2001	0.886364	2016	0.919662
2002	0.885307	2017	0.919662
2003	0.936047	2018	0.919662
2004	0.934461	2019	0.919662
2005	0.937632	2020	0.919133
2006	0.937632		

我们利用模块性优化的方法对1992—2020年的产业进行社团划分。从社团划分的结果上看，每一年社团划分的结果都具有一定的差异。通过滚动分析稳定时期内（2012—2019年）产业社团划分的结果，我们分离得到近30年中国经济发展过程中较为有代表性的7个产业社团。具体的结果如表6－5所示。

表 6－5　中国产业部门 1992—2020 年代表性产业群

社团编号	主要产业部门编号	社团名称	代表性产业名称
1	28；29；30；32；33；34；38；39；41；42	基础服务社团	邮政业；信息传输、计算机服务和软件业；批发零售业；金融业；房地产业；租赁和商务服务业；居民服务业和其他服务业；教育事业；文化体育和娱乐业；行政机关
2	4；14；15；16；17；18	金属社团	金属矿采选业；金属冶炼及压延加工业；金属制品业；通用设备、专用设备制造业；交通运输设备制造业；电气机械及器材制造业
3	5；13；26	非金属社团	非金属矿及其他矿采选业；非金属矿物制品业；建筑业
4	2；23；25	煤炭社团	煤炭开采和洗选业；电力及蒸汽、热水生产和供应业；自来水生产及供应业
5	3；11；24；27	石油社团	石油和天然气开采业；石油加工炼焦及核燃料加工业；煤气及煤制品业；交通运输和仓储业
6	1；6；7；8；31	纺织社团	农林牧渔业；食品及烟草加工业；纺织业；纺织服装鞋帽皮革羽绒及其制品业；住宿和餐饮业
7	19；20；35；36；37	科研社团	通信设备、计算机及其他电子设备制造业；仪器仪表及文化办公用机械制造业；研究与试验发展业；综合技术服务业；地质勘探、水利环境和公共设施管理业

表 6－5 中的代表性产业是在样本期内出现在所属社团（产业群）频率较高的产业（出现频率基本在 85% 以上）。1992—2020 年中国经济发展中代表性的产业群有基础服务产业群、金属产业群、非金属产业群、煤炭产业群、石油产业群、纺织产业群以及 2020 年分离出的科研产业群。基础服务产业群是规模最大、关系最为复杂的产业群。基础服务产业群组成成分比较不稳定，非代表性产业都具有很强的跳跃

性。产业在社团之间的发生跳跃说明该产业并不明显属于某一固定的产业群，该产业的产业群从属关系往往由产业与产业群的动态的关联强度决定。而金属产业群、非金属产业群、煤炭产业群、石油产业群以及纺织产业群相对来说规模较小，但是产业群定位非常明确。通过分析这五类产业群所包含的代表性产业，我们能够清晰地构建出每一类产业群对应的产业链。以非金属社团为例，从非金属的矿采选到非金属的加工与制造，再到最后建筑活动，这一系列的生产活动构成了较为完整的产业链。科研产业群则是基于2020年投入产出表预测数据分离出的新产业群，该产业群的出现表明2020年中国科研事业的产业化程度将会发生质的改变。

表6－6清晰地反映了1992—2020年中国产业群的结合与分离。1992—1995年，中国产业社团结构很不稳定。经济体系中存在不合理的产业群聚特征，1995年基础服务产业群与石油产业群呈现出较强的关联性。1996年后中国的产业结构逐步改善。1996—2000年以及2003—2005年石油产业群与煤炭产业群之间表现出很强的关联性，说明在这段时间石油产业群与煤炭产业群之间存在较大规模的价值流动。而非金属产业群与金属产业群在1999—2003年也表现出很强的关联性。2006—2010年中国产业结构呈现出新特点，金属产业群与非金属产业群分离，然后与煤炭产业结合成新产业群。这一时期内中国煤炭产业的极度繁荣很有可能是形成非正常的产业结构的主要原因。2012年后中国产业结构趋于稳定，产业分工越来越明确。2012年后煤炭产业群与金属产业群分离，金属产业群与非金属产业群结合形成稳定的金属非金属产业群。2012—2019年中国的产业结构特征基本没有发生改变，并且几乎不存在非正常产业群结合现象。2020年中国产业出现了新的产业群——科研产业群，中国科研产业化水平达到新的高度。

表 6－6　1992—2020 年中国产业群结构特征

年份	产业群结构
1992	1；2＋3＋4；5；6
1993	1；2＋3；4＋5；6
1994	1；2＋3；4＋5；6
1995	1＋5；2；3；4；6
1996	1；2；3；4＋5；6
1997	1；2；3；4＋5；6
1998	1；2；3；4＋5；6
1999	1；2＋3；4＋5；6
2000	1；2＋3；4＋5；6
2001	1；2＋3；4；5；6
2002	1；2＋3；4；5；6
2003	1；2＋3；4＋5；6
2004	1；2；3；4＋5；6
2005	1；2；3；4＋5；6
2006	1；2＋4；3；5；6
2007	1；2＋4；3；5；6
2008	1；2＋4；3；5；6
2009	1；2＋4；3；5；6
2010	1；2＋3＋4；5；6
2011	1；2＋3；4＋5；6
2012	1；2＋3；4；5；6
2013	1；2＋3；4；5；6
2014	1；2＋3；4；5；6
2015	1；2＋3；4；5；6
2016	1；2＋3；4；5；6
2017	1；2＋3；4；5；6
2018	1；2＋3；4；5；6
2019	1；2＋3；4；5；6
2020	1；2＋3；4；5；6；7

注：1－6 代表产业群（社团），社团编号如表 6－5 所示；2＋3 代表产业群 2 和产业群 3 属于同一社团，在这一年两个社团的代表性产业聚集在同一社团内。

为了更加详细地分析中国投入产出网络中的社团结构变化情况，我们运用模块性最优方法对2017年中国投入产出网络中的社团结构进行探测，分析得到2017年的投入产出网络中存在5个社团。

5个社团分别包含的部门展示在表6－7中，总结一下，可以将这5个社团分别概括为：社团1为居民服务行业及相关制造业；社团2为建筑相关行业，包括所有支持建筑业的制造行业及服务行业；社团3为化学、医学、卫生健康福利以及公共事业；社团4为食品、纺织相关行业；社团5为能源相关行业。

表6－7　2017年中国投入产出网络社团探测结果

社团编号	行业部门
1	造纸印刷及文教体育用品制造业，通信设备、计算机及其他电子设备制造业，工艺品及其他制造业，邮政业，信息传输、计算机服务和软件业，批发零售业，金融业，房地产业，租赁和商务服务业，地质勘探、水利环境和公共设施管理业，居民服务业和其他服务业，教育事业，文化体育和娱乐业，行政机关
2	金属矿采选业，非金属矿及其他矿采选业，木材加工及家具制造业，非金属矿物制品业，金属冶炼及压延加工业，金属制品业，通用、专用设备制造业，交通运输设备制造业，电气机械及器材制造业，废品废料，建筑业，综合技术服务事业
3	煤炭开采和洗选业，化学工业，仪器仪表及文化办公用机械制造业，电力及蒸汽、热水生产和供应业，自来水生产及供应业，科学研究事业，卫生、社会保障和社会福利事业
4	农林牧渔业，食品及烟草加工业，纺织业，纺织服装鞋帽皮革羽绒及其制品业，住宿和餐饮业
5	石油和天然气开采业，石油加工炼焦及核燃料加工业，煤气及煤制品业，交通运输和仓储业

表6－8列出了5个社团的一些主要特征指标。其中密度是指社团内部的网络连接密度以及节点间相互连接的数量与最大可能连接数量之比，衡量的是一个社团内部整体的连接紧密程度。EI指数代表着这个社团对

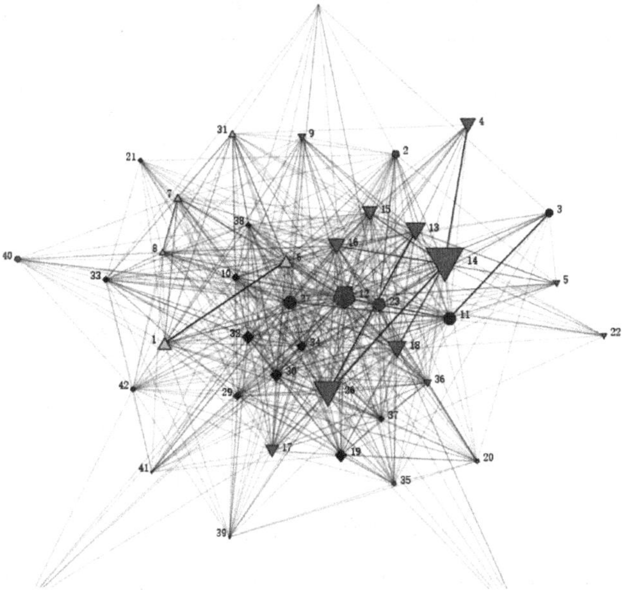

注：图中节点编号为对应的行业部门编号，节点大小对应着节点中心性大小，节点形状代表其所处的不同社团，节点间连线的粗细代表着它们之间交易流量的大小。

图 6－2　2017 年中国投入产出网络结构及社团结构

于整个经济体系的开放性，由此得出：

$$EI\text{ 指数} = \frac{\text{该社团与外部的连接数量} - \text{该社团内部连接数量}}{\text{总连接数量}} \tag{6.30}$$

从表 6－8 中可以看到，社团 1 具有最小 EI 指数，可以说这是一个最“内向”的社团，同时它也是拥有行业最多（14 个）的一个社团，说明这个社团内的行业部门更加倾向于内部的相互联系，而不是与其他社团内的行业部门相互联系。相反的是，社团 5 拥有最少的行业部门（4 个），同时具有最大的 EI 指数，我们可以称其为最“外向”的部门，也就是说与能源相关的行业不仅内部联系较为紧密，同时也与国民经济中的其他各个部门联系得比较紧密。

表 6－8　2017 年中国投入产出网络社团主要特征指标

社团	包含部门数	密度	E/I 指数	聚类系数
1	14	0.56	0.493	0.655
2	12	0.606	0.554	0.746
3	7	0.429	0.83	0.519
4	5	0.95	0.772	0.95
5	4	0.667	0.868	0.542

聚类系数是一个关于各个社团的聚类的总体指标，它描述了在同一个社团内两个通过第三个行业部门而产生联系的部门（这两个部门没有直接连接）在未来产生直接联系的平均概率。它的计算是通过社团内完全连接的三角形个数与总三角形（三个部门间至少有两条边）个数之比。如果社团的聚类系数大于社团的密度，说明这个社团内更加容易产生子社团，因此我们可以看到在部门数较多的社团中更加容易出现这种情况，也就是社团 1、社团 2 和社团 3。相反的，在社团 5 中，即能源相关行业中，这种情况则没有出现，这表明这个社团中，应该进一步加强社团内部行业间的协同计划，增强相互联系，应该从能源开采、能源制品制造到产品运输储存的各个环节加强互通性和互操作性，进一步促进其协同发展。

为了进一步探究社团之间相互影响的关系结构，我们采用了 McCullohetal 在 2013 年提出的方法，即比较两个社团间的有向连接密度和整个经济网络的连接密度，如果前者大于后者，那么就表明其中一个社团对另一个社团有显著影响。2017 年投入产出网络社团间的相关影响关系计算结果如表 6－9 所示，如果值为 1 则表示一个社团对另一个社团有显著影响，如果值为 0 则反之。

表6－9　社团间相互关系矩阵

	1	2	3	4	5
1	1	1	0	1	0
2	0	1	0	0	0
3	0	1	1	0	0
4	0	1	0	1	0
5	0	1	1	0	1

可以看到，对其他社团影响最多的是社团1（服务行业对服务行业、建筑相关制造业、食品及纺织相关行业有显著影响）和社团5（能源相关行业对建筑相关行业、化学、医学、卫生健康福利以及公共事业和能源行业有显著影响）。这个结果其实告诉我们在我国的经济结构调控中，对服务业及能源相关行业的优化、改进可能对整个经济的发展有更好的帮助，因为它们的优化更容易扩散到其他的产业部门。同时，这个结果也向我们展示了各个社团之间的联系其实并没有那么紧密，说明我国产业群之间、区域之间缺乏连贯的发展计划，缺乏协同效应，这就导致我国整体经济运行过程中效率并不高。为了更好地协调各产业群集之间的相互作用，降低交易成本并实现资源的更有效利用，需要考虑不同产业群集中行业部门的异质性，增加跨部门、跨集团的连接性，从而提高国民经济的整体效率。

6.3.2　1992—2020年中国投入产出网络社团结构变化

为了探究我国投入产出网络社团结构的变化过程，我们探测了中国1992—2020年每一年的投入产出社团结构，为了展示方便，这里以1992年、2002年、2012年、2020年的数据为代表来说明我国投入产出网络社团结构的演变趋势。图6－3至图6－6分别展示了这四年投入产出网络结构及社团分布图。可以看到不同颜色线条及节点之间的分区越来越明显，产业群之间的交叉或者是重叠的情况随着时间的推移逐渐减少。

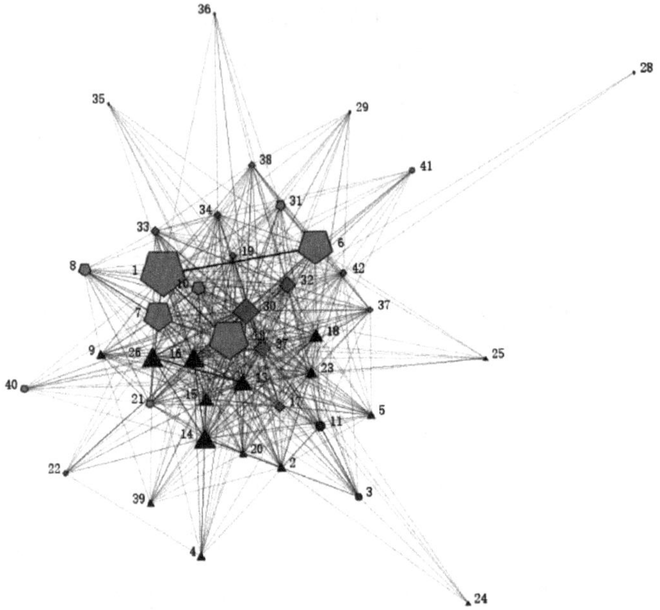

图 6－3　1992 年中国投入产出网络结构及社团结构

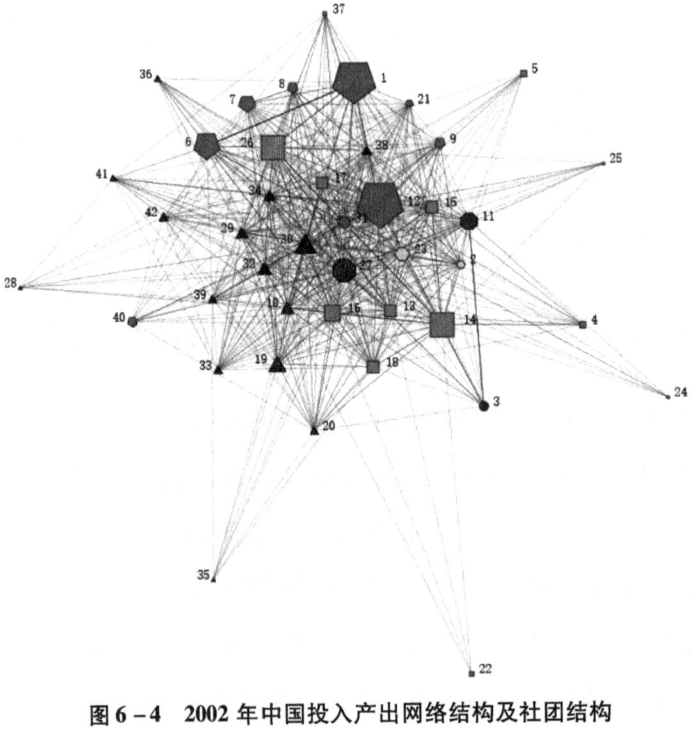

图 6－4　2002 年中国投入产出网络结构及社团结构

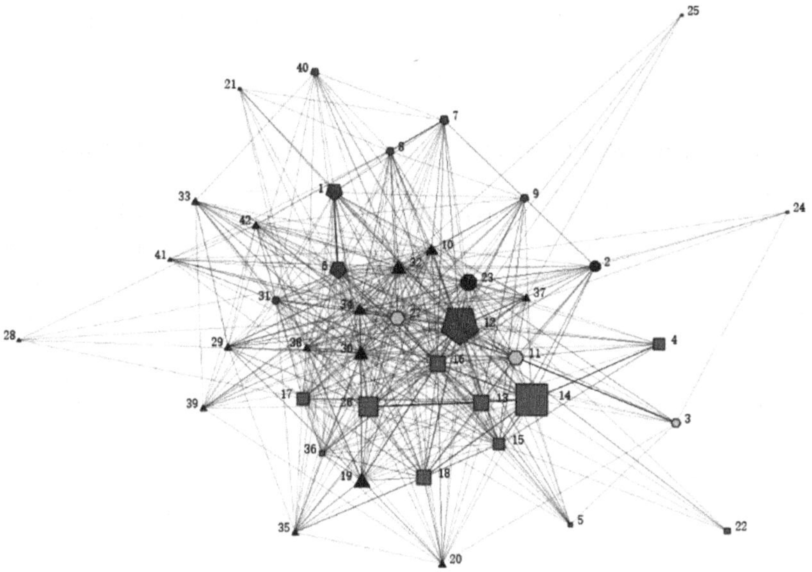

图 6－5　2012 年中国投入产出网络结构及社团结构

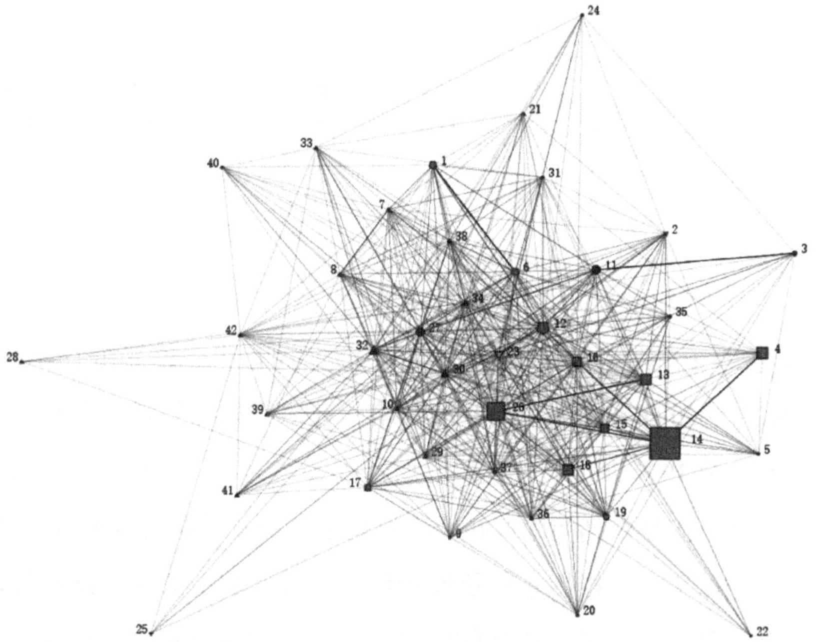

图 6－6　2020 年中国投入产出网络结构及社团结构

表 6－10 展示了 1992 年、2002 年、2012 年、2020 年的投入产出网络社团结构识别结果中的一些主要特征指标。

表 6－10　1992 年、2002 年、2012 年、2020 年各年投入产出网络社团主要特征指标

年份	模块性	社团编号	包含部门数	密度	E/I 指数	聚类系数
1992	0.254	1	15	0.486	0.51	0.669
		2	15	0.41	0.562	0.639
		3	10	0.589	0.656	0.718
		4	2	1	0.929	0
2002	0.246	1	15	0.524	0.515	0.672
		2	11	0.518	0.679	0.686
		3	9	0.694	0.678	0.712
		4	4	0.5	0.895	0.417
		5	3	1	0.908	1
2012	0.293	1	15	0.448	0.476	0.608
		2	11	0.527	0.596	0.716
		3	9	0.5	0.688	0.614
		4	4	0.5	0.885	0
		5	3	0.5	0.917	0
2020	0.295	1	14	0.516	0.499	0.619
		2	11	0.609	0.586	0.72
		3	5	0.75	0.835	0.8
		4	5	0.8	0.794	0.8
		5	4	0.583	0.886	0
		6	3	0.667	0.905	0

从图 6－3 至图 6－6 以及表 6－10 中我们可以得到以下几个结论。第一，1992—2020 年，中国投入产出网络的社团结构在数量上呈现逐渐增多的趋势，从 1992 年的 4 个社团增加到 2020 年的 6 个社团。这其实说明了我国产业分工越来越明确，在产业布局中，产业的群集越来越精细化。第二，表中的第二个指标是模块性指标，在 6.2 节中的社团结构探测方法中我们已经介绍过了模块性的定义，在社团划分过程中，模块性指标越大说明这个网络的社团结构划分得越好。1992—2020 年，可以看到模

块性指标也是有一个上升趋势的，这个的含义其实与第一点中是一致的，说明我国经济系统中的产业社团结构越来越明显，产业的群集现象以及分层布局现象越来越明显。第三，1992—2020 年，投入产出网络中各个社团的内部密度也呈现出整体小幅增加的趋势，这说明在同一个社团内部的行业之间的联系日趋紧密，社团内部的行业协同效应将会越来越好。第四，从 EI 指数来看，1992—2020 年整体上变化不大，这说明了投入产出网络中社团与社团之间的联系并没有提升。总体来说，1992—2020 年，我国经济系统中产业社团结构越来越明显，产业的群集现象以及分层布局现象越来越明显，产业分工越来越明确，产业的群集越来越精细化，并且产业社团内部的合作联系也越来越紧密，协同效应越来越大。但是产业群之间的合作联系并没有提升，缺乏协同效应，我国未来仍然需要考虑不同产业群集中行业部门的异质性，增加跨部门、跨集团的连接性，从而提高国民经济的整体效率。

6.4 基于投入产出结构的生产网络研究

经济增长可以被看作是一个产业网络的结果，网络中的产业从其他各产业购买半成品或者产成品，经过本产业的加工，赋予商品价值增值后将它们转换成新的商品，然后将最终的产出卖给家庭或其他产业，通过商品的流通与交易实现经济增长。

自里昂惕夫构建投入产出表并拓展投入产出分析以来，为研究生产网络提供了丰富的数据基础，从而便于探究经济体的产业结构特征及变化。Carvalho（2008）对生产网络中跨部门的中间投入流动进行分析和建模，说明了如何从对单个部门的独立冲击中捕捉总体经济的波动。Atalay 等（2011）基于无尺度网络机制构建的描述美国经济的买方—供应商生产网络无法匹配网络的关键属性，故构建了一个反映现实特征的替代模型，从而结合微观企业数据进行模型参数估计和产业分析。Jones（2011）基于生产网络的社区结构，在企业之间可以通过中间产品的联系建立一个链接权重乘数，并通过生产网络理解资源分配的扭曲结果，从而解释了各国之间巨大的收入差异的成因。Antràs（2012）则基于生产网络中的路径长度属性，提出了探究行业上游产业的方法，并基于美国投入产出表数据探究了平均上游出口。McNerney 等（2013）基于28 个国家的投入产出表数据构成的资金流动生产网络，探究了产业间的关联关系，结合技术系数矩阵和链接权重，指出各个国家的生产网络结构是威布尔链接权重分布，且服从指数行业规模分布，再结合网络社团结构和共线网络分析得出这些网络拥有一个共同的社区结构。

就生产网络中的积累传导作用来说，Domar（1961）和 Hulten（1978）的早期的研究文献都表明，随着一个行业生产率的提高，中间投入贸易的存在，即通过生产网络流动的商品和服务，会放大一个经济体的总收益。一个行业的生产率增长不仅降低了产品的价格，提高了产品的产量，而且这些产量中的一部分可以被其他行业用作投入，从而进一步提高产量，以此往复循环，最终通过消费实现经济增长。Park 等（1989）基于28 个国家的投入产出表数据，根据制造业和服务业在生产网络中对中间产品、劳动力等的投入需求的不同特性，探究了这两个行业的性质与联系，解释了其在生产过程中的不同作用，并指出随着各个行业生产力的变化，其产品价格与生产网络中位置指标（产出乘数）成比例下降。一个行业既受益于自身的生产率增长，也受益于上游供应商生产率提高的积累。因此，其生产链越长，其预期的降价速度就越快。与产出乘数的联系非常重要，因为这一指标传达了关于经济的结构性信息。McNerney 等（2013）基于世界投入产出数据库（WIOD）中的数据构建的生产网络，定量研究了技术进步在生产网络中对经济增长的影响，通过对比分析得出，生产链越长、生产层级越高的国家，经济增长得越快，同时，随着时间的推移，生产率的提高会显著改变一个经济体中的价格水平和生产关系，从而表明生产链在长期价格变化和产出增长中的关键作用。

基于当前已有研究，本节简要介绍如何使用前文介绍的1992—2025年的42部门投入产出序列表开展生产网络相关的研究。

6.4.1 基于投入产出表构建生产网络模型

首先，将投入产出表中相应的各项内容矩阵化，记为投入产出矩阵 X：

$$X = \begin{bmatrix} Z & Y & ex & TO' \\ l & 0 & 0 & 0 \\ t & 0 & 0 & 0 \\ f & 0 & 0 & 0 \\ s & 0 & 0 & 0 \\ im & 0 & 0 & 0 \\ TI' & 0 & 0 & 0 \end{bmatrix} \tag{6.31}$$

公式（6.31）中，$Z_{42\times42} = [z_{ij}]$，$i,j = 1,2,\cdots,42$ 仍然是第一象限的中间流量矩阵，$Y_{42\times1}$ 为除出口外的最终需求合计列向量，$ex_{42\times1}$ 为出口列向量，$TO'_{42\times1}$ 为调整后的总产出列向量，$l_{1\times42}$ 为劳动者报酬行向量，$t_{1\times42}$ 为生产税净额行向量，f 为固定资产折旧行向量，$s_{1\times42}$ 为营业盈余行向量，$im_{1\times42}$ 为进口行向量，$TI'_{1\times42}$ 为调整后的总投入行向量。需要注意的是，真实的总产出 $TO = TO' + im^T$，真实的总投入 $TI = TI' - im$，且 $TO = TI$。

因为第一象限的中间流量矩阵代表了各部门的生产联系，在假定每个部门只生产一种产品的前提下，本文以42个生产部门为结点，以部门间的投入产出关系为流量构建基础的生产网络，以 2020 年数据为例，如图 6 –7 所示。

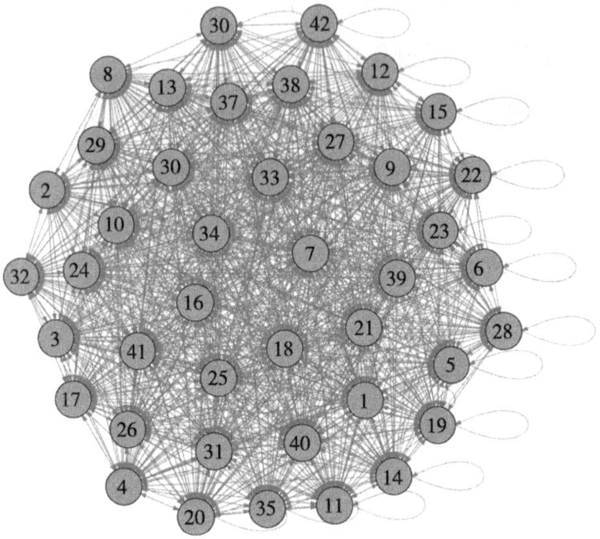

图 6 –7　基于中间流量矩阵的生产网络图（2020 年）——权重图

接下来，本章将引入投入产出理论计算相关指标。结合投入产出数据，我们可以得到各部门的投入系数，又称直接消耗系数，记为 $a_{ij}(i, j=1,2,\cdots,42)$，它表示部门 i 在生产经营过程中，每单位总产出直接消耗的来自部门 j 投入的产品或服务的数量：

$$a_{ij} = \frac{z_{ij}}{TO_j} = \frac{z_{ij}}{TI_j},\ i,j = 1,2,\cdots,42 \tag{6.32}$$

记直接消耗系数矩阵为 $A = [a_{ij}]$，$i,j = 1,2,\cdots,42$，则各个部门的产出乘数向量为：

$$\mathcal{L} = (I - A^T)^{-1}1 \tag{6.33}$$

其中，记 $H \equiv (I - A)^{-1}$ 为 Leontief 逆矩阵，1 为一个元素全为 1 的（42×1）维列向量。公式（6. 33）实际上是对 Leontief 逆矩阵求列和，那么$\mathcal{L}$可被称为完全需要系数矩阵，其中每个元素的经济含义是：获得 1

单位的部门 i 的产品需要消耗本部门 1 单位产品和其他所有部门提供的中间产品之和，可以表示为公式（6.34）：

$$\mathcal{L}_i = 1 + \sum_{j=1}^{42} \mathcal{L}_j a_{ji} \qquad (6.34)$$

换个角度来看公式（6.34），它可以表示部门 i 在生产网络中的相对位置。我们引入生态系统与营养级的概念，考虑一个只有草、羊和狼构成的简单生态系统，其中，草是生产者，在食物链的底端，属于第一营养级；羊是食草动物，属于第二营养级；而狼是食肉动物，它以捕食第二营养级的羊为生，定义为第三营养级。也就是说，在食物链中，每一类生物的营养级都是它所捕食的生物群体所属营养级的级数再加 1。类比来看，在生产网络中，部门 i 的产出乘数 $\mathcal{L}_i$ 就代表着其在生产网络中所使用的其他部门的“平均”产出乘数再加 1，即该部门在生产网络中的“营养级”，且乘数 $\mathcal{L}_i$ 的最小值为 1。

因此，本文采用产出乘数作为各个生产部门的位置参数并以此构建生产网络。由于篇幅限制，本文仅展示尾数为 0 或 5 的年份的产出乘数计算结果，保留两位小数后的计算结果如表 6－11 所示。

表 6－11　各部门部分年份的产出乘数

	1995 年	2000 年	2005 年	2010 年	2015 年	2020 年	2025 年
1	1.94	1.96	2.09	2.15	2.08	2	1.98
2	2.29	2.24	2.48	2.56	2.35	2.2	2.18
3	1.8	1.74	2.04	2.32	2.03	1.87	1.93
4	2.73	2.6	2.67	3	2.65	2.3	2.1
5	2.53	2.48	2.72	2.83	2.67	2.54	2.51
6	2.61	2.57	2.81	2.93	2.86	2.76	2.73
7	2.92	2.87	3.29	3.49	3.32	3.21	3.17
8	2.47	3.04	3.41	3.57	3.5	3.46	3.46
9	2.87	2.94	3.19	3.42	3.31	3.18	3.18
10	2.76	2.78	3.15	3.46	3.28	3.11	3.05

续表

	1995年	2000年	2005年	2010年	2015年	2020年	2025年
11	2.55	2.61	2.89	3.06	2.75	2.48	2.35
12	2.96	2.98	3.38	3.62	3.36	3.09	3.01
13	2.76	2.78	3.08	3.32	3.12	2.86	2.77
14	3.08	3.08	3.31	3.58	3.27	2.83	2.58
15	3.21	3.28	3.48	3.72	3.41	3.02	2.84
16	2.94	3.05	3.42	3.72	3.54	3.33	3.27
17	3.12	3.23	3.62	3.88	3.59	3.36	3.37
18	2.91	3.31	3.64	3.94	3.69	3.41	3.3
19	3.12	3.48	3.93	4.13	4.01	3.88	3.78
20	2.97	3.14	3.66	3.77	3.58	3.37	3.31
21	2.39	2.85	3.2	3.36	3.39	3.35	3.23
22	1.28	1	1.21	1.47	1.39	1.19	1.15
23	2.37	2.33	2.92	3.25	2.98	2.69	2.56
24	2.86	2.87	2.92	2.98	2.75	2.49	2.6
25	2.3	2.3	2.51	2.63	2.51	2.39	2.4
26	2.97	3.03	3.34	3.48	3.27	3.13	3.39
27	2.21	2.28	2.51	2.75	2.57	2.28	2.19
28	2.15	2.62	2.63	2.56	2.44	2.38	2.41
29	2.23	2.29	2.35	2.5	2.37	2.14	2.07
30	2.13	2.23	2.19	1.95	1.81	1.76	1.74
31	2.35	2.43	2.58	2.64	2.58	2.76	2.8
32	2	1.92	1.83	1.98	2.01	1.99	1.97
33	1.6	1.69	1.59	1.59	1.6	1.49	1.42
34	2.36	2.79	2.98	3.11	2.89	2.75	2.71
35	2.58	2.69	2.41	2.81	2.71	2.8	2.81
36	2.25	2.01	2.21	2.93	2.83	3.32	4.03
37	2.32	2.35	2.57	2.63	2.57	2.48	3.05
38	2.7	2.75	2.58	2.59	2.37	2.25	2.22
39	2.1	2.13	2.2	2	1.74	1.68	1.66
40	2.79	2.62	2.92	3.02	2.78	2.61	2.56
41	2.34	2.38	2.59	2.54	2.32	2.18	2.12
42	2.39	2.34	2.29	2.24	2.07	1.99	2.17

在本章的研究中，我们还需要其他数据的支持，在这里引入三个数据库。

第一，世界银行发布的世界发展指标数据库（World Development Indicators，WDI）。它是一个包含了全球各个国家和地区1960—2022年经济、环境和社会等多个方面指标数据的权威数据库，本章主要使用WDI中的总人口数、总劳动力数、名义GDP和GDP平减指数。

第二，宾夕法尼亚表（Penn Word Table，PWT）。PWT数据库由国民经济核算数据组成，用于测量并比较不同国家、不同时期的实际GDP。本文主要采用其中的就业人数和受雇人员的年均工作时间的乘积作为社会总劳动时间。

第三，国家统计局的宏观经济数据库。国家统计局对每年的经济运行数据有着完整且详细的记录，本章除上述GDP等数据外，还需使用各项增加值指数作为生产和家庭部门的价格指数，需要注意的是，原始数据部门分类较为单一，本章的研究却以42部门展开，需要提前进行部门的对照与匹配。

6.4.2 基于产出乘数观察中国产业结构的变化

在前文的研究中，我们基于1992—2025年的投入产出表数据，计算出各年各部门的产出乘数，并以此代表生产网络中各部门在生产链上的位置，接下来，我们绘图观察中国产业结构的变化情况。考虑到一个国家的产业升级不是一蹴而就的，我们在此选取1995—2020年中每间隔5年的产业结构进行对比观察，如图6-8所示。

图6-8中，横坐标从左至右依次对应表6-1中各个生产部门的序号，两条灰色垂直虚线较为粗略地隔离出农业、制造业和服务业，黑色圆圈代表基期数值，灰色圆圈代表现期数值，而圆圈的大小代表该行业

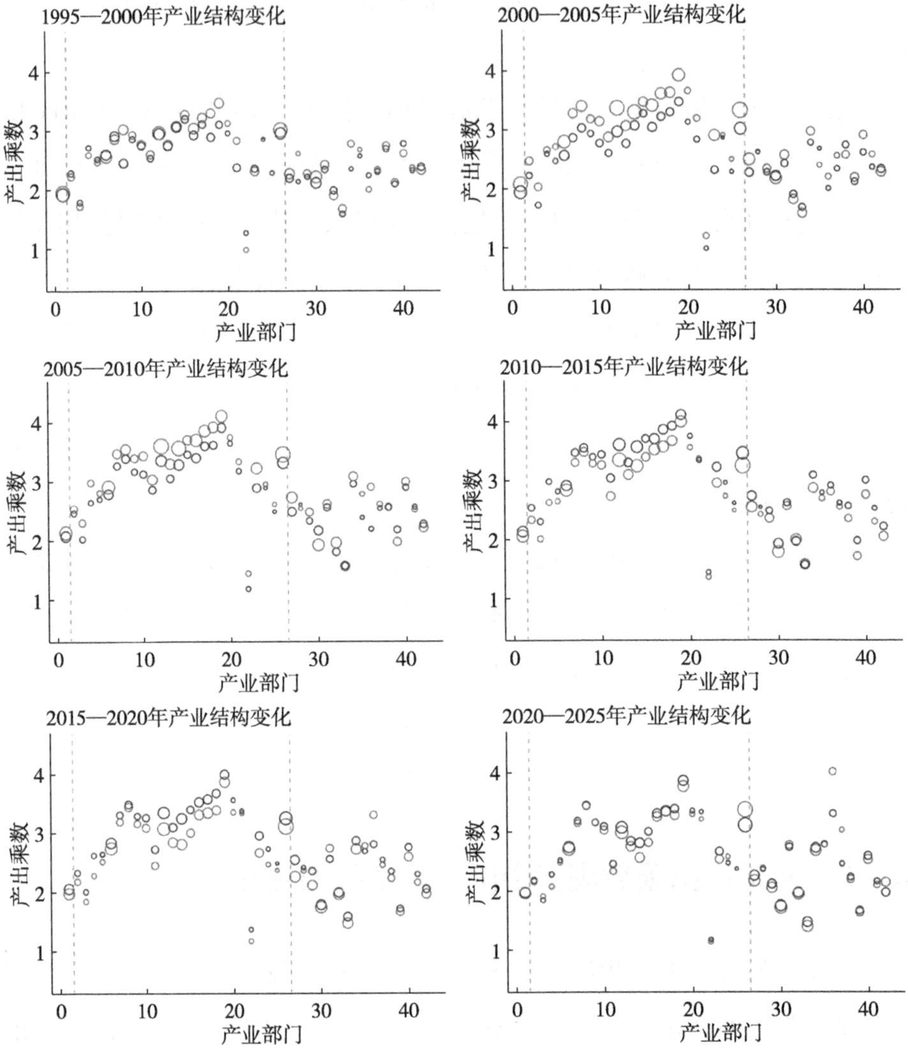

图 6－8　中国部分年份产业结构图

的总产出在当年全部行业总产出中的占比大小。可以看出，在过去的 20 年，中国的产业结构发生了明显变化，且随着时间的推移，不同时期有着不同的发展特点。

需要说明的是，对于产业部门而言，产出乘数越大，说明该部门所需要的中间投入商品相对较多，相对所需要的来自家庭部门的劳动力较少，故而生产更有效率，偏向于技术密集型产业；反之，产出乘数越小，说明该部门需要的中间投入商品相对较少，相对所需要的劳动力较多，偏向于劳动密集型产业。

首先，我们来看农业，这里主要指农林牧渔业，该行业对中国经济的贡献占比明显减小，同时，该行业在生产链中所处的位置略微有所提升，说明该产业整体的生产水平略微提升，但由于其产出乘数始终在2左右波动，所以该产业相对于其他部门属于劳动密集型产业。

其次，我国的制造业生产结构变化巨大。20世纪90年代至今，中国制造业的产出乘数一直维持在较高水平，大部分行业的产出乘数在3以上，说明我国制造业的生产如火如荼，尤其是对比2000—2010年的数据，可以看出，我国制造业的产出乘数明显提高，而且在国家的总产出中所占的比重也明显提高，制造业的繁荣至少维持了十多年，这一现象符合过去“中国制造”的发展特点。其中，通信设备、计算机及其他电子设备制造业的产出水平及其在生产网络中的地位都明显提升；建筑业作为中国经济发展长期依赖的产业之一，其产出乘数略微提高，但在总产出中的占比明显提高。但是，对比观察2012年和2022年的数据，可以明显看到我国制造业各个部门的产出乘数水平均略微有所下降，而且对比圆点的相对大小，可以看出我国制造业对经济的贡献明显减少。

最后，我们来看服务业，该行业一直被认为是劳动密集型产业，因此，服务业下属的各个生产部门的产出乘数理论上应该相对较低。在图6-8中，虽然各部门的产出乘数差异较大，分布较为分散，但总体来看几乎都在3以下，平均来看，低于制造业的水平。同时，随着时间的推移，服务业中各个生产部门的产出占总产出的比重明显增加，符合我国第三产业对经济增长贡献增加的经济事实。而随着时间的推移，从单个行业来看，变化最明显的是综合技术服务业，从 2015 年左右开始至 2020 年，该部门的产出乘数明显提高，也就是说，该产业在 2020 年消耗的投入明显提高，并且根据预测数据可知，该行业的产出乘数将在 2025 年持续增长。但是，综合技术服务业理论上属于劳动密集型的服务业，其产出乘数理论上不该如此反常，持续大幅增高，此时，我们需要换个角度来考虑产出乘数的经济意义，产出乘数的数值大小体现着该部门需要消耗的全部中间产品的多少，而生产的尽头是消费，生产的动力也是市场的消费需求，那么，较高的产出乘数还体现着市场对该部门产品的最终需求的增加。

出现这一现象的原因很有可能是政府的激励等引导政策，使其需要在短期内通过明显提高自己的产出来满足外部需求，结合近几年我国大力发展科技创新事业以及向“中国智造”转型的现实情况，就不难理解了。

至此，本章的研究搭建了具有投入产出结构的中国的生产网络，且可以用产出乘数衡量各个生产部门在网络中的相对位置，并以此综合反映中国的产业关联关系。

6.4.3 基于价格传导机制测度产业升级的影响

产业升级隐含的根本原因就是产业生产技术的进步，而技术进步是一个抽象概念，在宏观层面上通常采用全要素生产率等指标进行衡量，一直以来，很少有在中观层面上的直观测度方法。本节将基于中观产业层面，在投入产出数据构成生产网络中探究技术进步的影响，我们这样考虑，如果某一部门的生产技术得到了较大的提升，那么它的生产将更有效率，从而或多或少地降低生产该部门产品的社会必要劳动时间，继而降低该产品的价值，最终表现为该部门产品在消费端的价格降低。

实际上，一个国家的产业升级往往涉及不止一个部门，也不止一条生产链，而是在生产网络中经过多部门、多条生产链的传导与积累，互相促进。因此，本节基于上一节中构建的生产网络，引入产品的价格指标数据，再结合价格传导机制，测度技术进步在生产部门上下游之间的传导与积累效应，从而观测中国产业升级的实际影响。

本节假定生产网络中的所有部门在市场中都是价格接受者，且各个部门在销售产品时没有额外加价，即产品价格等于其边际生产成本。那么，对于任一部门 i 而言，它的单位产品价格 p_i 就等于在其生产过程中消耗的全部原材料产品成本与劳动力报酬之和，如公式（6.35）所示：

$$p_i = \sum_j \phi_{ij} p_j + l_i \omega \tag{6.35}$$

其中，$\phi_{ij} \equiv \dfrac{X_{ij}}{X_i}$ 表示部门 i 生产一单位产品所使用的部门 j 的产品数量；$l_i \equiv \dfrac{L_i}{X_i}$ 表示部门 i 生产一单位的产品所消耗的劳动量，L_i 表示部门 i 在生产过程中消耗的全部劳动力，而 ω 则代表工资率。

公式（6.35）决定了价格，所以，当等式右边的投入项发生变化时，产品的生产成本会相应发生改变，并最终通过价格体现出来。对于本节的研究而言，引起投入项明显变化的因素是产业的技术进步，在产业升级的过程中往往会采用更先进的生产技术，从而提高生产率，表现为逐渐改变生产过程所需原材料的种类、比例等，一方面会改变该产业在生产网络中的相对水平，另一方面也会体现为该行业产品价格的下降。

本节采用生产率的增长率来衡量技术进步这一抽象因素，根据相关文献，生产率增长率的估算方法如公式（6.36）所示：

$$\hat{\gamma} = -(I - A^T) r \tag{6.36}$$

其中，r 为 42 部门的价格增长率列向量，负号体现生产率提高而产品价格下降这一经济事实。

接下来，我们要先对价格指标的变化进行计算。令部门 i 的名义价格的对数变化率为 r'_i，采用生产部门的价格指数进行计算，通货膨胀率为 ρ_i，采用家庭部门的价格指数进行计算，那么该部门产品的真实价格的对数变化率 r_i 可以表示为名义价格变化率减去通货膨胀效应，即 $r_i = r'_i - \rho_i$。

那么，价格的变化率也可以表示为：

$$r_i = -\gamma_i + \sum_j r_j a_{ji} \tag{6.37}$$

其中，第一项是部门 i 的生产率增长率，代表该部门在产业升级中受自身技术进步导致的价格变化情况；第二项则表示部门 i 生产过程中投入的所有中间产品的价格变化的总和，表示通过生产网络和产业结构传导并积累的部分。这样一来，我们就可以将产品价格的变化分解为直接影响部分和间接继承部分，那么这两部分的影响分别有多大？接下来，我们计算了 1995—2009 年各个部门的相关数据，受篇幅所限，本节仅展示部分年份的计算结果，如表 6－12 所示。

表 6－12　各部门部分年份的价格变化因素

	1995 年		2005 年		2015 年	
	直接影响	间接继承	直接影响	间接继承	直接影响	间接继承
1	0.0013	－0.0013	0.0011	－0.0011	0.0013	－0.0013
2	－0.0111	－0.0029	－0.0112	－0.0028	－0.0150	0.0010
3	－0.0125	－0.0015	－0.0123	－0.0017	－0.0111	－0.0029
4	－0.0076	－0.0064	－0.0097	－0.0043	－0.0129	－0.0011
5	－0.0076	－0.0064	－0.0093	－0.0047	－0.0139	－0.0001
6	－0.0115	－0.0025	－0.0118	－0.0022	－0.0113	－0.0028
7	－0.0081	－0.0059	－0.0077	－0.0063	－0.0078	－0.0063
8	－0.0081	－0.0059	－0.0068	－0.0072	－0.0059	－0.0081
9	－0.0068	－0.0072	－0.0077	－0.0063	－0.0073	－0.0067
10	－0.0075	－0.0065	－0.0072	－0.0068	－0.0081	－0.0059
11	－0.0043	－0.0098	－0.0040	－0.0100	－0.0051	－0.0089
12	－0.0076	－0.0064	－0.0063	－0.0078	－0.0075	－0.0065

续表

	1995 年		2005 年		2015 年	
	直接影响	间接继承	直接影响	间接继承	直接影响	间接继承
13	-0.0069	-0.0071	-0.0077	-0.0063	-0.0080	-0.0060
14	-0.0077	-0.0063	-0.0046	-0.0095	-0.0064	-0.0076
15	-0.0054	-0.0086	-0.0051	-0.0089	-0.0069	-0.0071
16	-0.0074	-0.0066	-0.0060	-0.0080	-0.0070	-0.0070
17	-0.0061	-0.0079	-0.0051	-0.0089	-0.0064	-0.0076
18	-0.0071	-0.0069	-0.0057	-0.0084	-0.0052	-0.0088
19	-0.0063	-0.0077	-0.0052	-0.0089	-0.0051	-0.0089
20	-0.0073	-0.0067	-0.0049	-0.0091	-0.0060	-0.0080
21	-0.0107	-0.0033	-0.0073	-0.0067	-0.0082	-0.0058
22	-0.0127	-0.0013	-0.0127	-0.0013	-0.0131	-0.0010
23	-0.0082	-0.0059	-0.0091	-0.0049	-0.0108	-0.0033
24	-0.0055	-0.0085	-0.0056	-0.0084	-0.0082	-0.0058
25	-0.0093	-0.0047	-0.0162	0.0022	-0.0260	0.0120
26	0.054	-0.0082	0.0526	-0.0069	0.0409	0.0049
27	-0.0175	0.0008	-0.0157	-0.0010	-0.0209	0.0043
28	-0.1117	-0.0027	-0.1100	-0.0044	-0.1083	-0.0061
29	-0.014	-0.0054	-0.0170	-0.0024	-0.0194	0.0000
30	-0.0088	-0.0021	-0.0155	0.0046	-0.0201	0.0092
31	-0.0098	-0.0046	-0.0116	-0.0027	-0.0105	-0.0039
32	0.0924	-0.0018	0.0845	0.0061	0.0798	0.0108
33	-0.0054	0.0006	-0.0123	0.0074	-0.0186	0.0138
34	0.0854	0	0.0863	-0.0009	0.0787	0.0067
35	-0.1831	-0.0091	-0.1873	-0.0050	-0.1952	0.0029
36	0.1416	-0.0022	0.1322	0.0072	0.1204	0.0191
37	0.1519	0	0.1487	0.0031	0.1459	0.0060
38	-0.0214	-0.0071	-0.0259	-0.0026	-0.0262	-0.0023
39	-0.0677	-0.0018	-0.0690	-0.0006	-0.0686	-0.0010
40	0.2485	-0.0071	0.2466	-0.0052	0.2467	-0.0052
41	0.0059	-0.0052	0.0032	-0.0025	0.0008	-0.0001
42	-0.0699	-0.0057	-0.0740	-0.0016	-0.0736	-0.0020

为了更直观地观察上述价格变化因素，我们绘制了概率密度图来观察两种效应的分布情况，此处仅以2005年和2015年的数据为代表进行展示与分析。

图6－9分别展示了2005年和2015年中国42个生产部门的两部分价格变化因素，实线表示各个部门自身技术进步后对产品价格带来的直接影响，虚线表示经过生产网络的传导获得的传导积累效应，也就是间接继承的部分。上述结果表明，在生产网络中引入价格机制，既可以反映出产业升级过程中各个生产部门自身技术进步引发的效应，也可以捕捉到经由生产链关系在生产网络中积累传导的效应。同时，平均来看，在技术进步导致的价格变化中，间接继承的作用小于直接影响的作用，但由于二者的相对大小较为接近，经由生产网络传导积累的间接作用仍不可忽视，也就是说，在探究产业升级对经济增长的影响时，需要考虑部门之间的关联关系。

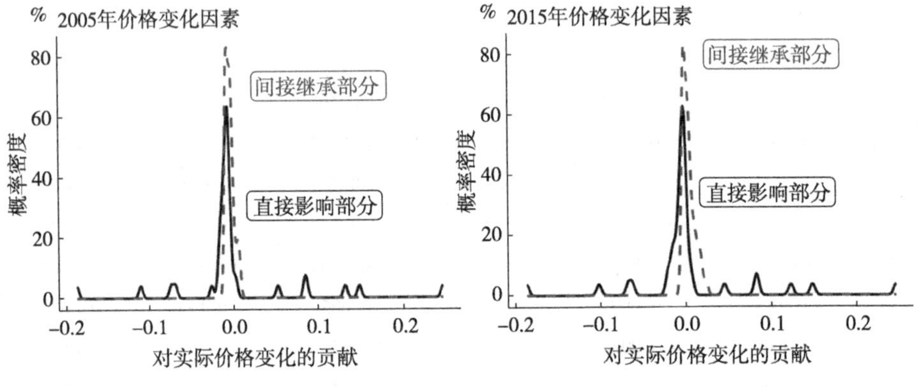

图6－9　中国各生产部门价格变化因素分解图

6.4.4　生产网络对价格传导机制的影响

上述研究中已经通过价格指标测算出了技术进步给生产部门带来的

直接影响和经过生产网络积累的间接影响，很明显，在产业升级的过程中，不同生产部门受到的积累效应的影响也是不同的，这可能与不同部门在生产网络中的相对位置有关。因为对于生产关系相对简单的部门，它受到的来自其他部门的总体影响始终较小，而对于生产关系复杂的部门，它往往牵连较广，容易产生“牵一发而动全身”的效果，因而会有更大的积累效应，其自身的变动也会影响众多其他生产部门。

接下来，我们尝试从价格传导机制入手，探究生产网络结构对技术进步的影响。首先，我们可以将公式（6.37）改写为矩阵形式 $r=-\gamma+A^{T}r$，从而通过简单的计算解得价格指数的变化与生产率增长之间的关系：

$$r=-(I-A^{T})^{-1}\gamma=-H^{T}\gamma \tag{6.38}$$

假设技术进步对经济体中所有部门造成的平均影响即平均生产率增长率为 $\bar{\gamma}$，那么在生产网络中的任一部门 i 的生产率增长率可以表示为相对于平均水平的偏移，即 $\gamma_i=\bar{\gamma}+\Delta\gamma_i$，则上式可以改写为：

$$r_i=-\bar{\gamma}\sum_j H_{ji}-\sum_j\Delta\gamma_i H_{ji}=-\bar{\gamma}\mathcal{L}_i-\sum_j\Delta\gamma_i H_{ji} \tag{6.39}$$

其中，产出乘数 $\mathcal{L}_i$ 表示以部门 i 为生产链起点的全部产业链的平均长度，恰好反映了部门 i 在生产网络中的位置，为了探究其对价格水平的影响，我们给定各个生产部门所对应的 $\mathcal{L}_i$，并对 r_i 求期望值：

$$E[r_i\mid\mathcal{L}_i]=-\bar{\gamma}\mathcal{L}_i-\sum_j E[\Delta\gamma_i H_{ji}\mid\mathcal{L}_i] \tag{6.40}$$

如果假定生产网络结构本身对价格传导机制没有影响，即假定部门 i 的生产率增长率 γ_i 与其在生产网络中的位置参数 H_{ji} 和 $\mathcal{L}_i$ 不相关，再加上 $E[\Delta\gamma_i]=0$，那么 $E[\Delta\gamma_i H_{ji}\mid\mathcal{L}_i]=E[\Delta\gamma_i\mid\mathcal{L}_i]E[H_{ji}\mid\mathcal{L}_i]=0$，公式（6.40）就可以写为：

$$E[r_i\mid\mathcal{L}_i]=-\bar{\gamma}\mathcal{L}_i \tag{6.41}$$

公式（6.41）表明，理论上，部门 i 的产品期望价格，受到生产网络中上下游生产关联的影响，与其在生产网络中的位置 $\mathcal{L}_i$ 成比例。也就是说，如果一个部门的产出乘数较大，即它处于生产网络的相对上游位置，那么产业升级对该部门的产品价格影响就会相对较大；反之，如果该部门产出乘数较小，处在相对下游的位置，那么产业升级对其产品价格的影响就会相对较小。

本文以 1992 年的生产网络结构为基准，探究了中国 1992—2019 年 42 个生产部门的真实价格变化与产出乘数的关系，如图 6－10 所示。

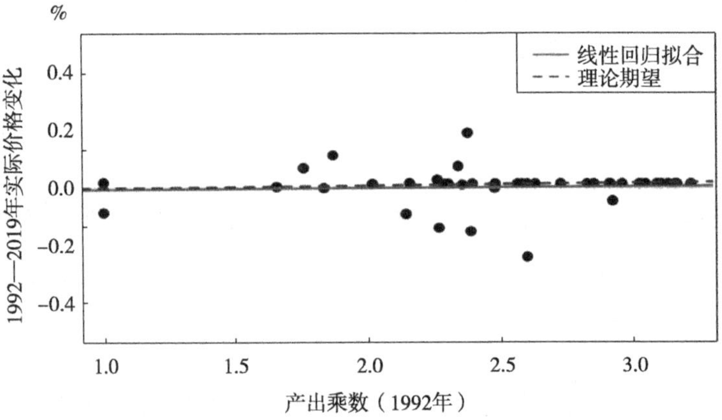

图 6－10　产出乘数对实际价格变化的影响

在图 6－10 中，黑色圆点代表以 1992 年的产出结构为基准的各部门实际价格变化情况。

首先，为了观测真实价格变化与产出乘数间的变化趋势，我们简单地引入线形回归模型，并在图中以实线表示，其斜率约为－0.0104，同时，根据公式（6.41）计算出了理论期望值，并在图中以斜率为 $-\bar{\gamma}$ 的虚线表示，斜率约为－0.0088。这两条直线的斜率均为负数，但仍存在差异，这就说明，各个部门的产出乘数与价格变动之间的关系并不像公式（6.41）所示那么简单，即在公式（6.40）中 $E[\Delta\gamma_i H_{ji} \mid \mathcal{L}_i] \neq 0$。这也就说明，生产网络结构本身对价格传导机制所测度的有影响，虽然这个影响较小，但是会影响到生产率的增长变化。因此，在从产业中观层面探究技术进步影响时，不能忽视产业结构本身的影响。

结合前文所说，制造业的产出乘数相较于服务业整体偏大，为了更加直观地观察上述结论，我们将图 6 – 10 中的数据点按照农业、制造业和服务业这三大产业进行区分，如图 6 – 11 所示。

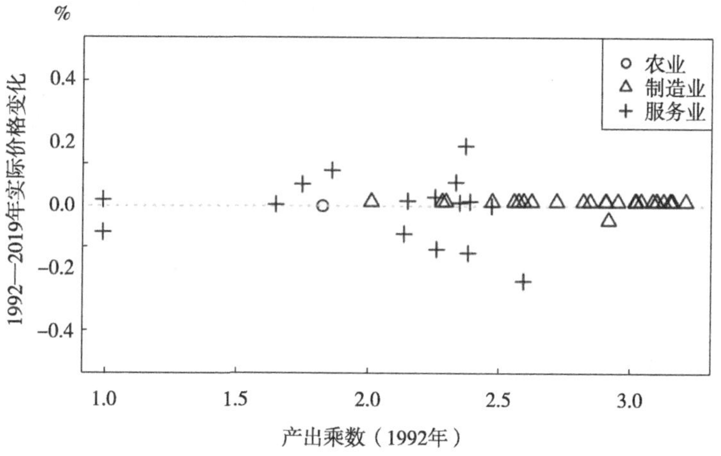

图 6 – 11　区分产业的产出乘数与实际价格变化

在图 6 – 11 中，同样基于 1992 年的产业结构观察 1995—2009 年各个生产部门的价格变动，并依次以圆圈、三角形和十字形表示农业、制造业和服务业的数据点。

首先，农业的产出乘数相对较低，约为 1. 84，其年均价格变化的增长率几乎为零，说明我国农产品价格水平几乎无变化，基本能够维持稳定。其次，制造业的各个生产部门产出乘数相对偏大，主要分布在右侧，整体较为紧密，但其价格变化相对较小，绝大部分生产部门的变动均不显著，仅建筑业对应的价格变化显著。至于服务业，各个生产部门的数据分布较为分散，服务业各个部门的价格变化也相对较为明显，平均来看，其产出乘数小于制造业，说明该产业部门受技术进步影响产生的实际价格变动较大。

总之，图6－11的结果显示，不同产业下的生产部门因其在生产网络中的相对位置不同，受到产业升级导致的价格变动也有明显差异。因此，为了消除生产网络结构导致的跨部门的价格变动差异，本节对分部门的产出乘数与价格指数变化率分别进行了行业内的中心标准化处理，并再次采用线性模型进行简单拟合，结果如图6－12所示。

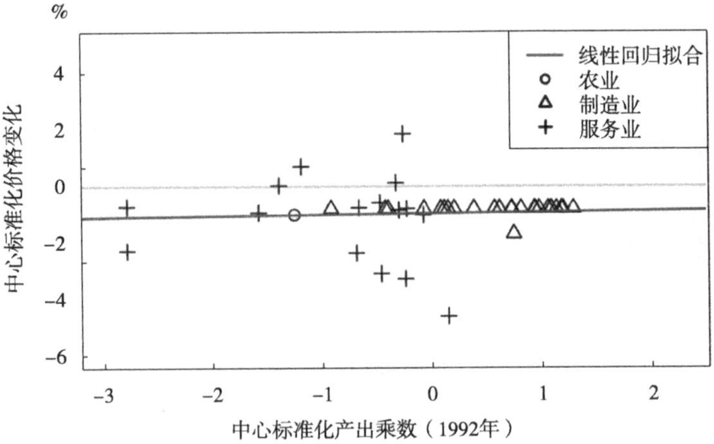

图6－12　中心标准化后产出乘数对实际价格的影响

在图6－12中，我们仍然将中心标准化后的点进行了产业区分，同样依次以圆圈、三角形和十字形分别表示农业、制造业和服务业。

此时，农业的价格变化约为－1.00%，服务业中的各部门的价格变化率也发生明显变化，但制造业各部门的变化相对仍然较为稳定，经过线性回归拟合计算，此时的产出乘数与价格指数变化率之间的回归线斜率大致为0.0433。这恰好应证了前文的推测，生产网络本身所反映的生产结构会对技术进步的作用产生一定的影响。同时，我们发现，在消除了生产网络结构带来的跨部门差异后，农业与服务业中各部门受技术进步影响的价格变动仍然相对较为稳定，而服务业仍然更加发散。

6.4.5 生产网络中价格变动随时间的变化情况

在上节的内容中，我们可以观察到，各生产部门的实际价格变化围绕期望值理论线 $E[r_i \mid \mathcal{L}_i]$ 分散分布，因此，本节主要针对生产网络中产业的价格变动的分散程度进行介绍。本文将采用各个生产部门的价格变化的标准差 $\sigma_{r_i \mid \mathcal{L}_i}$ 来衡量不同部门的价格变化分散程度，其简要的计算推导过程如下。

首先，我们可以将里昂惕夫逆矩阵的展开式变形得到 $H = I + A(I + A + A^2 + \cdots) = I + AH$，把它带入公式（6.39）可得部门 i 的价格变化为：

$$r_i = -\gamma_i - \sum_j \gamma_j (AH)_{ji} \tag{6.42}$$

其中，第一项仍然代表技术进步带来的直接影响，第二项为生产网络的积累传导效应。那么，当我们给定部门 i 时，其价格指数的变化率 r_i 的方差为：

$$Var[r_i \mid \mathcal{L}_i] = Var[\gamma_i \mid \mathcal{L}_i] + 2Cov[\gamma_i, \sum_j \gamma_j (AH)_{ji} \mid \mathcal{L}_i] + Var[\sum_j \gamma_j (AH)_{ji} \mid \mathcal{L}_i] \tag{6.43}$$

相对应地，第一项代表部门 i 价格变动的直接差异，第三项则体现了在生产网络中传导积累的差异。需要注意的是，因为矩阵 AH 的列和等于对应部门的产出乘数 $\mathcal{L}_i$ 减 1，即 $\sum_j (AH)_{ji} = \sum_j (H - I)_{ji} = \mathcal{L}_i - 1$，所以公式（6.43）中后两项均与该部门在生产网络中的位置相关，而且如果部门 i 的产出乘数 $\mathcal{L}_i$ 越大，其受生产网络的影响导致价格变化的波动更大。

为了解除公式（6.43）中后两项的关联关系，我们令 $(AH)_{ji} = (\mathcal{L}_i - 1) Z_{ji}$，其中，$Z_{ji}$ 取值在 0 ~ 1 之间且理论上 $\sum_j Z_{ji} = 1$，同时，因为指定

了部门后，$\mathcal{L}_i$ 是常数，那么公式（6.43）可以改写为：

$$Var[r_i \mid \mathcal{L}_i] = Var[\gamma_i \mid \mathcal{L}_i] + 2(\mathcal{L}_i - 1)Cov[\gamma_i, \sum_j \gamma_j Z_{ji} \mid \mathcal{L}_i] + (\mathcal{L}_i - 1)^2 Var[\sum_j \gamma_j Z_{ji} \mid \mathcal{L}_i] \tag{6.44}$$

公式（6.44）更加直观地显示出部门价格变动的方差，即分散程度，由其产出乘数决定，而且在产出乘数较大的部门，其价格变化的分散程度越高。我们记直接影响部分的方差 $Var[\gamma_i \mid \mathcal{L}_i]$ 为 $\sigma^2_{\gamma,direct}$，在生产网络中传导积累部分的方差 $Var[\sum_j \gamma_j Z_{ji} \mid \mathcal{L}_i]$ 为 $\sigma^2_{\gamma,inherited}$，而这两部分的相关系数为 ρ，那么公式（6.44）可以简记为：

$$Var[r_i \mid \mathcal{L}_i] = \sigma^2_{\gamma,direct} + 2\rho\,\sigma_{\gamma,direct}\,\sigma_{\gamma,inherited}(\mathcal{L}_i - 1) + \sigma^2_{\gamma,inherited}(\mathcal{L}_i - 1)^2 \tag{6.45}$$

标准差 $\sigma_{r_i \mid \mathcal{L}_i}$ 也就可以通过开方运算得出。这里，为了便于计算，我们使用泰勒展开进一步将上述表达式简化为：

$$\sigma_{r_i \mid \mathcal{L}_i} \approx \sigma_{\gamma,direct} + \rho\,\sigma_{\gamma,inherited} + \frac{1}{2} \times \frac{\sigma^2_{\gamma,inherited}}{\sigma_{\gamma,direct}}(\mathcal{L}_i - 1)^2 \tag{6.46}$$

接下来，本文继续探究生产网络中技术进步引发的价格变化随着时间推移的变动情况，因此，记 $r_i(t, t+T)$ 为部门 i 的产品价格在 t 至 $t+T$ 年之间的平均价格水平变化程度，则 $r_i(t, t+T) \equiv \frac{1}{T}\sum_{t=1}^{T} r_i(t)$，其标准差对应为：

$$\sigma_{r_i(t,t+T) \mid \mathcal{L}_i} \approx \frac{1}{\sqrt{T}}\left[\sigma_{\gamma,direct} + \rho\,\sigma_{\gamma,inherited} + \frac{1}{2} \times \frac{\sigma^2_{\gamma,inherited}}{\sigma_{\gamma,direct}}(\mathcal{L}_i - 1)^2\right] \tag{6.47}$$

公式（6.47）说明，当指定某一生产部门时，其产出乘数确定且为常数，那么各个生产部门受产业升级影响导致的价格变动的分散程度会随时间的推移而缩小，大致的比例为 $1/\sqrt{T}$。也就是说，随着时间间隔变长，价格的变化在其期望值附近的分散程度会减小。

本节仍以1992年的产出乘数为基准，计算了1992—2019年衡量价格变化的上述各项数据，同时，对于生产网络中技术进步造成的影响进行时间维度的观测，设定观察时间间隔 T 分别为1年、2年、4年和8年的变化情况。同时，由于基础数据点分布较为分散，本节还按照1992年各个生产部门在生产网络中的相对位置从小到大进行排序后，以每三个数据为一组计算各组内的均值和方差等统计指标来观测小组变化情况。

图6－13分别展示了以1992年的产出乘数为基准的情况下，不同时间间隔下的年平均价格指数变化与理论期望之间的变动关系，虚线表示理论期望值，黑色三角表示各个分组的平均实际价格变化情况。可以看出，随着时间的变化，理论期望线越来越接近于水平状态，且位于生产网络的不同生产部门的价格变化也逐渐缩小，向理论期望靠近，说明随

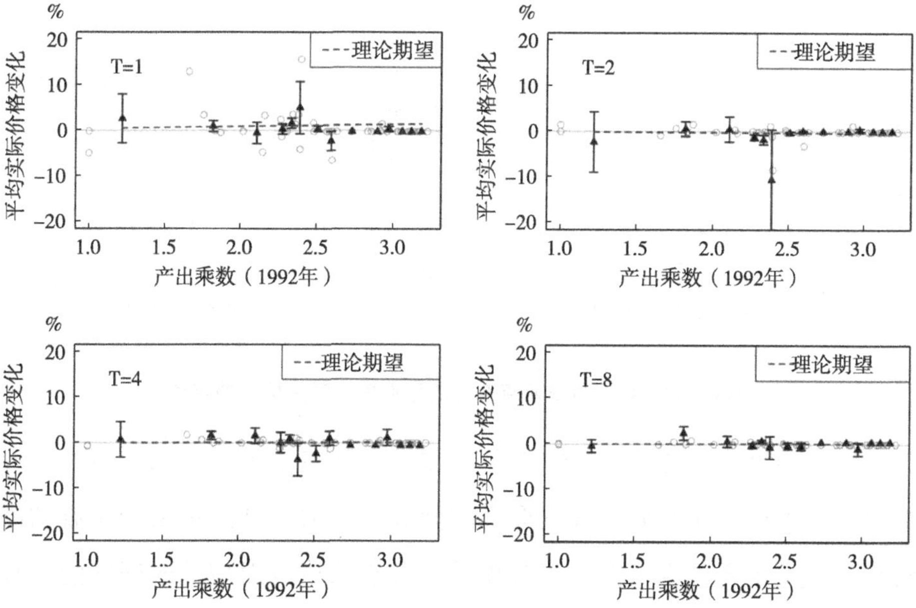

图6－13 实际价格水平变化随时间推移的变动

着时间推移，技术进步带来的影响会逐渐减小。

接下来，采用各部门价格变化的标准差来进一步观测这一变化。

同样地，在图6－14中，我们分别展示了各个生产部门行业价格变化的标准差随时间推移的效果，虚线仍然表示理论期望水平，仍然选取与图6－13中相同的4个时间间隔以及数据分组情况。随着时间的推移，理论线趋向水平，且各个部门实际价格变化的标准差在逐渐减小，这就说明不同生产部门价格变化的分散程度在逐渐减小。

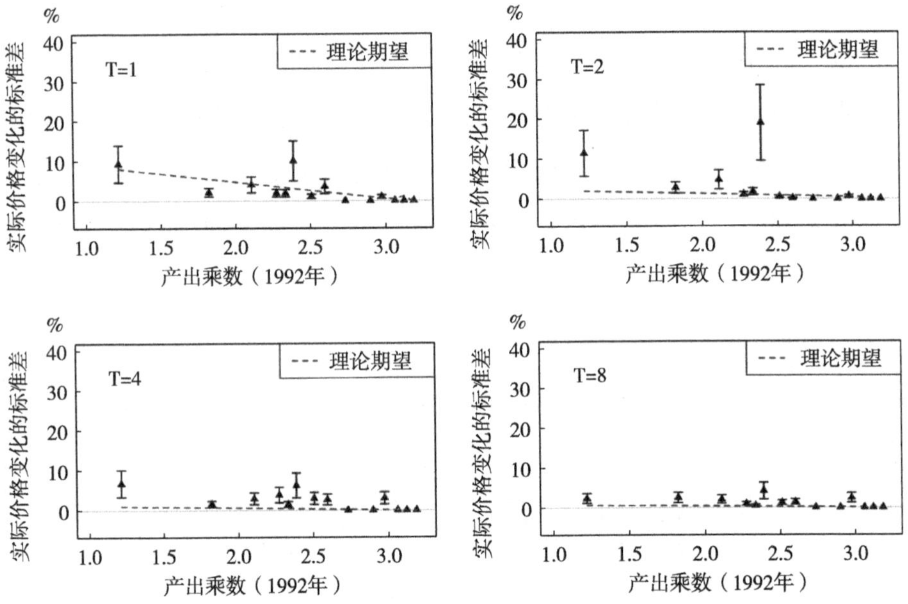

图6－14　实际价格水平变化的标准差随时间推移的变动

上述结果均符合公式（6.47）的预期，即对于各个部门而言，产业升级后，价格变化的分散程度会随时间收敛，为了观测价格变化波动围绕理论值的紧密程度，我们将各项数据分别乘以其对应的时间间隔的算术平方根（$\sqrt{T}$），还原未收敛时的状态。

图6－15依次展示了进行期限调整后，即剔除时间变化影响后，各

个部门的价格水平的变化程度，图中虚线仍为采用线性模型拟合得到的期望线，其变动相较于图 6 – 13 中的对应结果变动更为剧烈，对比可见，随着时间推移，各产业的价格变化程度会逐渐以与 $\sqrt{T}$ 成反比例的速度收缩。

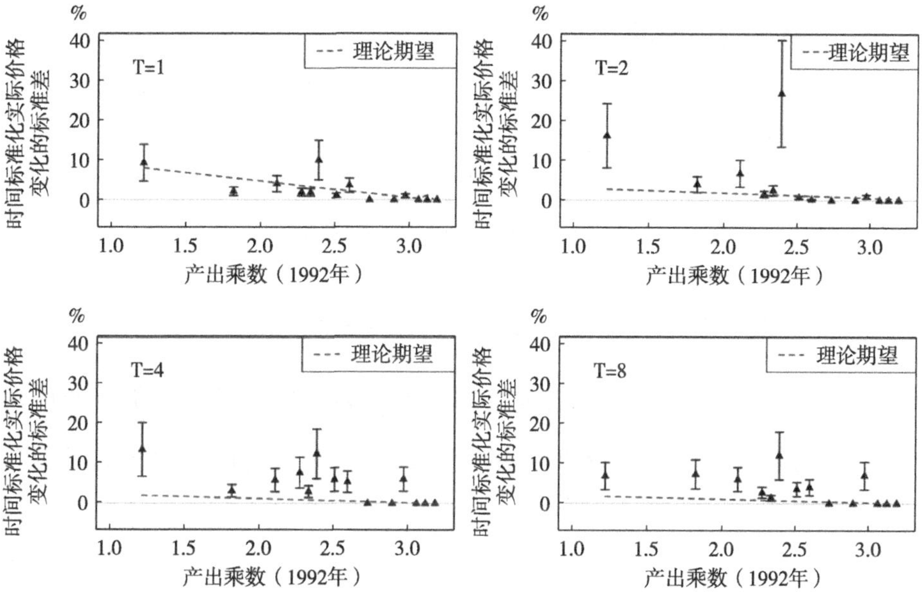

图 6 – 15　调整期限后真实价格水平变化的标准差随时间推移的变动

为了进一步直观地观察上述结论，本节计算了不同时间范围下所有生产部门对应的价格变动的平均分散变化程度，并依次绘点观察，如图 6 – 16所示。

图 6 – 16 中的曲线表示与 $1/\sqrt{T}$ 成比例的理论收敛速度，平均来看，随着时间范围的增加，各行业产品价格变化的幅度会逐渐收敛。

至此，本节的研究测度了生产网络对技术进步的影响。本文在生产网络中引入价格传导机制，将技术进步的影响具体分为本行业自身的影响与生产网络中的传导影响两个部分，从而反映出产业升级在生产网络

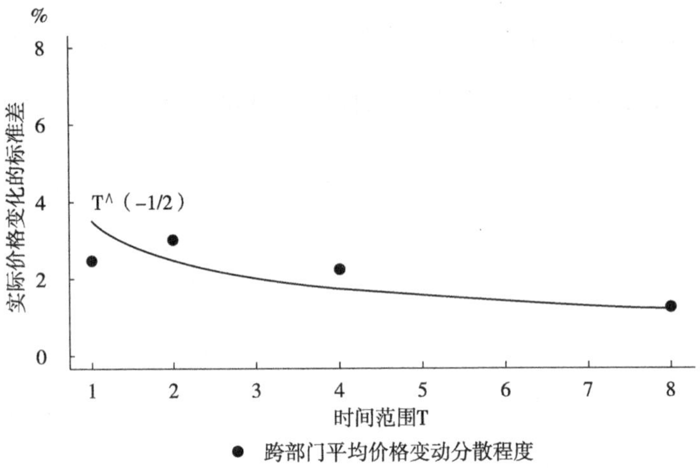

图6-16 真实价格水平变化的平均标准差随时间推移的变动

中的传导机制。同时，本文研究发现生产网络结构本身会对价格的传递效应产生影响，而且，随着时间的变化，生产网络结构对价格的影响会逐渐收敛。

6.4.6 基于生产网络分析产业升级与经济增长

在上一节的研究中，我们探究了产业升级在生产网络中通过产品价格体现的传导机制，这些在生产过程中传导积累下来的价格变化，最终会通过消费得到释放，从而转化为更多的市场需要和相应的部门产出，这就意味着，产出乘数与价格传导机制的关系最终会影响到经济的增长，因此，本节我们进一步研究产业升级与经济增长的关系。

根据相关文献可知，对于一个经济体而言，经济增长率可以表示为：

$$g = \tilde{\gamma} \overline{\mathcal{L}} \tag{6.48}$$

其中，$\tilde{\gamma}$ 表示一个国家各个行业生产率提高的平均速度，令 η_i 表示

部门 i 在总产值中所占的比例，则 $\tilde{\gamma} \equiv \sum_i \eta_i \gamma_i$；$\bar{\mathcal{L}}$ 表示一个国家各个行业的产出乘数的加权平均数，部门 i 的权重 θ_i 表示该部门在最终产出（GDP）中所占的比例，则 $\bar{\mathcal{L}} \equiv \sum_i \theta_i \mathcal{L}_i$。

公式（6.48）表示，一个国家的经济增长与其平均生产率增长率和平均产出乘数的乘积成正比，它同样将 GDP 的增长分为两部分，一部分取决于技术进步导致的生产率的提高，另一部分来自生产网络的结构属性。

首先，我们绘图观察中国 1992—2019 年 $\tilde{\gamma}$ 与 $\bar{\mathcal{L}}$ 的变化情况，如图 6－17所示。

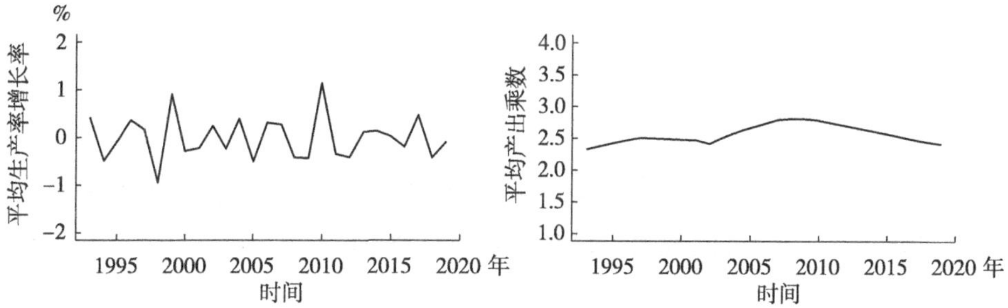

图 6－17　1995—2019 年中国平均生产率增长率与平均产出乘数变化

总体来看，中国的平均生产率增长率波动较为明显，而中国的平均产出乘数变化较为平缓，在 2～3 间缓慢增长，二者的变化幅度存在明显的差异，这也直观地印证了产业结构调整需要一定的时间。其次，平均产出乘数的相对稳定性也表明一个国家的生产结构不仅与当前的经济增长情况相关，还会影响未来一段时期的经济发展情况。

紧接着，我们按照公式（6.48）对中国经济增长中技术进步引起的效应进行测算，结果如表 6－13 所示。

表 6－13　技术进步增长率　　单位：%

年份	技术进步增长率	年份	技术进步增长率
1992	1.00	2006	0.84
1993	－1.18	2007	0.75
1994	－0.22	2008	－1.19
1995	0.89	2009	－1.24
1996	0.39	2010	3.20
1997	－2.35	2011	－0.98
1998	2.33	2012	－1.14
1999	－0.74	2013	0.33
2000	－0.56	2014	0.36
2001	0.60	2015	0.07
2002	－0.63	2016	－0.46
2003	1.02	2017	1.21
2004	－1.35	2018	－1.04
2005	1.00		

对于上述预测结果，本节引入宾夕法尼亚表所公布的中国全要素生产率的增长率进行对比观察，结果如图 6－18 所示。

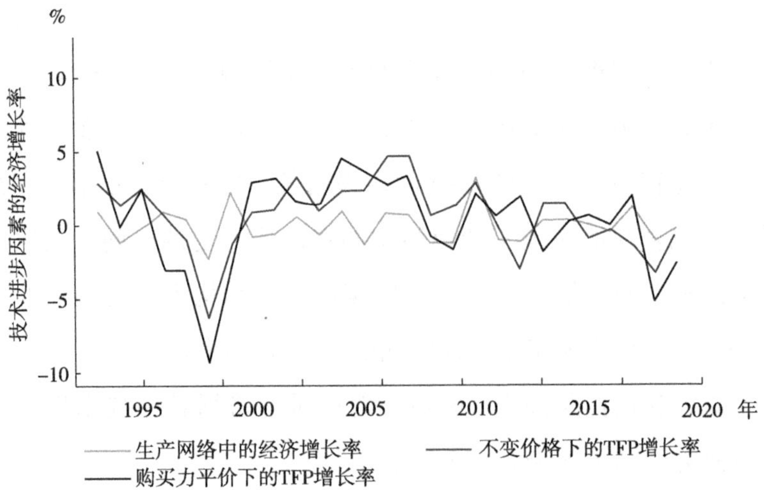

图 6－18　1993—2019 年技术进步因素引发的经济增长变化情况

图6－18中，实线是通过本节的计算得出的经济增长率，两条虚线分别表示的是来自宾夕法尼亚表的全要素生产率所代表的不变价格下的经济增长率和购买力平价下的全要素生产率所代表的经济增长率。考虑到图6－17中所展示的情况，由于生产网络结构的相对稳定性，技术进步引发的经济增长率变化主要源自平均生产率增长率的波动。总体对比来看，按照本节方法计算得到的经济增长率变化情况相对比较保守，这是因为，在实际的生产过程中，中间产品的流动与组合可能使得经济体的生产率变化的波动被削弱，但从反映出的经济增长趋势上来看，本节测算的结果仍然能够反映出中国经济增长速度的变化情况。

至此，本章基于生产网络结构，引入价格传导机制测度了产业升级对经济增长的影响，并将生产过程中的价格变化拓展至最终的消费市场，测度了在生产网络中产业升级对经济增长的影响。

6.5 小结

在投入产出关联分析方法研究的基础上，本章首次将特征向量中心性应用到了关键产业部门问题上。首先，特征向量中心性方法能够综合分析一定时期内所有产业部门间的价值流动信息。其次，特征向量中心性也充分考虑了产业之间的关联特征。如果部门i和部门j之间的联系比较紧密（q_{ij}相对较大），那么，部门j的特征向量中心性水平会显著影响部门i的特征向量中心性水平。因此，相对于已有的关键产业部门识别方法，特征向量中心性方法能够更准确地识别某一时期内经济体系中的核心产业。

本章还识别了近三十年中国42个产业部门的中心性。实证结果发现，随着时间的推移，化学工业和金属冶炼及压延加工业这两个行业在我国国民经济体系中一直处于非常关键的位置，因此在我国的宏观调控、结构调整中，要十分注意这两个部门的发展。同时，1992—2020 年，一些传统产业包括农林牧渔业及传统制造业在国民经济体系中的重要性是在逐渐减弱的，而一些技术密集型制造行业以及现代服务业逐渐在我国经济发展中占据越来越重要的地位，另一个值得注意的是，建筑业在我国国民经济中的关键地位越来越突出。

在投入产出关联分析中，关键产业部门识别与产业群的划分都是较为重要的研究内容。但是在产业群的划分问题上，主观性判断存在于很多的投入产出关联分析中。也有学者利用设定阈值的方法去剥离产业群。这些方法具有一定的实用性但是并不严谨。本章基于所构建的投入产出网络模型，利用 Newman 提出的模块性方法探测了 1992—2020 年我国投入产出网络中的社团结构，并分别从静态和动态角度对结果进行了分析。静态分析是以 2017 年为例，探测结果为投入产出网络中 42 个行业部门可以分为 5 个社团，其中与能源相关行业组成的社团内部联系不如其他社团，应该从能源开采、能源制品制造到产品运输储存的各个环节加强互通性和互操作性，进一步促进其协同发展。但同时，能源相关行业组成的社团以及服务业社团是对其他社团影响最大的社团，这表明对服务业及能源相关行业的优化和改进可能对整个经济的发展有更好的帮助，因为它们的优化更容易扩散到其他的产业部门。动态分析结果显示从 1992 年到 2020 年，我国经济系统中的产业社团结构越来越明显，产业的群集现象以及分层布局现象越来越明显，产业分工越来越明确，产业的群集越来越精细化，并且产业社团内部的合作联系也越来越紧密，协同效应越来越大。但是产业群与产业群之间的合作联系并没有提升，缺乏协同效应，我国未来仍然需要考虑不同产业群集中行业部门的异质性，增加跨部门、跨集团的连接性，从而提高国民经济的整体效率。

最后，本章基于投入产出数据，特别是第一象限的中间流量矩阵部分，建立了生产网络，体现出中国的产业链结构，并采用产出乘数代表各部门在生产链中的相对位置。通过对比不同时期的生产网络状态，可以明显看出我国产业结构的变化情况，并预计出2025年中国产业经济情况。考虑到生产网络中各个部门技术进步导致的价格变化最终会在消费市场中得到释放，从而带来经济的增长，结合相关文献，本章将中观层面各个生产部门技术进步对价格变化的影响集成后合理外推，测度了宏观整体上产业升级对经济增长的影响，并与长期以来衡量经济增长变化的全要素生产率的变化进行了比较。

附录1　代码及产品部门名称对照表

代码	产品部门名称	代码	产品部门名称
1	农林牧渔业	23	电力、热力的生产和供应业
2	煤炭开采和洗选业	24	燃气生产和供应业
3	石油和天然气开采业	25	水的生产和供应业
4	金属矿采选业	26	建筑业
5	非金属矿及其他矿采选业	27	交通运输和仓储业
6	食品及烟草加工业	28	邮政业
7	纺织业	29	信息传输、计算机服务和软件业
8	纺织服装鞋帽皮革羽绒及其制品业	30	批发零售业
9	木材加工及家具制造业	31	住宿和餐饮业
10	造纸印刷及文教体育用品制造业	32	金融业
11	石油加工炼焦及核燃料加工业	33	房地产业
12	化学工业	34	租赁和商务服务业
13	非金属矿物制品业	35	研究与试验发展业
14	金属冶炼及压延加工业	36	综合技术服务业
15	金属制品业	37	地质勘探、水利环境和公共设施管理业
16	通用、专用设备制造业	38	居民服务和其他服务业
17	交通运输设备制造业	39	教育业
18	电气机械及器材制造业	40	卫生、社会保障和社会福利业
19	通信设备、计算机及其他电子设备制造业	41	文化体育和娱乐业
20	仪器仪表及文化办公用机械制造业	42	公共管理和社会组织
21	工艺品及其他制造业	43(行)	增加值合计
22	废品废料	43(列)	最终使用合计

附录2　中国42部门投入产出现价表（1992—2025年）

（获取详细内容请扫描二维码）

参考文献

[1] Aitchison, J. *The Statistical Analysis of Compositional Data.* Chapman and Hall. London and New York, 1986, 416.

[2] Almon, C. *Recent methodological advances in IO in the United States and Canada.* Fourth International Conference on IO Techniques, Geneva, 1968.

[3] Ang B W, Liu F L. A new energy decomposition method: perfect in decomposition and consistent in aggregation. *Energy*, 2001, 26 (6): 537 – 548.

[4] Antràs P, Chor D, Fally T, et al. Measuring the upstreamness of production and trade flows [J]. American Economic Review, 2012, 102 (3): 412 – 416.

[5] Atalay E, Hortacsu A, Roberts J, et al. Network structure of production [J]. Proceedings of the National Academy of Sciences, 2011, 108 (13): 5199 – 5202.

[6] Avelino A F T. Disaggregating input – output tables in time: The temporal input – output framework [J]. Economic Systems Research, 2017, 29 (3): 313 – 334.

[7] Bacharach, Michael. Biproportional matrices and IO change (Vol.

16）. Cambridge University Press，1970.

[8] Bavelas A. Communication Patterns in Task - Oriented Groups [J]. Journal of the Acoustical Society of America，1950，22（6）：725 -730.

[9] Bin，S. and B. Ang. Structural Decomposition Analysis Applied to Energy and Emissions：Some Methodological Developments. *Energy Economics*，2012，40：299 -317.

[10] Blöchl F，Theis FJ，VegaRedondo F，et al. Vertex centralities in input - output networks reveal the structure of modern economies. [J]. Physical Review E Statistical Nonlinear & Soft Matter Physics，2011，83（2）：046127.

[11] Borgatti S P. Centrality and network flow. [J]. Social Networks，2005，27（1）：55 -71.

[12] Buetre，Benjamin L. & Ahmadi - Esfahani，Fredoun Z. Updating an input - output table for use in policy analysis. *Australian Journal of Agricultural and Resource Economics*，2000，44（4）：573 -603.

[13] Butterfield，M. and T. Mules. A Testing Routine for Evaluating Cell by Cell Accuracy in Short - Cut Regional Input - Output Tables. *Journal of Regional Science*，1980，20：293 -310.

[14] Campbell J，The Relevance of Input - Output Analysis and Digragh Concepts to Growth Pole Theory [D]，University of Washington，1970.

[15] Campbell J，Growth Pole Theory，Digraph Analysis and Interindustry Relationships [J]，Tijdschrift Voor Economische En Sociale Geografie，1972，63：79 -87.

[16] Campbell J，1974，Selected Aspects of the Interindustry Structure of the State of Washington，1967 [J]，Economic Geography，50（1），35 -64.

[17] Campbell J, Application of Graph Theoretic Analysis to Interindustry Relationships: The Example of Washington State [J], Regional Science & Urban Economics, 1975, 5 (1): 91 - 106.

[18] Campbell J. Application of graph theoretic analysis to interindustry relationships : The example of Washington state [J]. Regional Science & Urban Economics, 1975, 5 (1): 91 - 106.

[19] Campbell J. Growth Pole Theory, Digraph Analysis and Inerindustry Relationships [J]. Tijdschrift Voor Economische En Sociale Geografie, 1972, 63 (2): 79 - 87.

[20] Campbell J. Selected Aspects of the Interindustry Structure of the State of Washington, 1967 [J]. Economic Geography, 1974, 50 (1): 35 - 46.

[21] Campbell J. The Relevance of Input - Output Analysis and Digragh Concepts to Growth Pole Theory [D]. University of Washington, 1970.

[22] Carvalho V M. Aggregate fluctuations and the network structure of intersectoral trade [M]. The University of Chicago, 2008.

[23] Chavez, M., Hwang, D. U., Amann, A., Hentschel, H. G. E., and Boccaletti, S. Synchronization is enhanced in weighted complex networks. *Physics Review Letters*, 2005, 94, 218701.

[24] Chen Lin, Jing Li & Dezhi Li. The Power of Visible Hands: an Environmental Structural Decomposition Analysis Considering the People's Daily Effect. *Economic Systems Research*, 2014, 26: 4, 431 - 443.

[25] Chenery, H. B., Clark, P. G. and Cao - Pinna, V. *The Structure and Growth of the Italian Economy.* Rome, US Mutual Security Agency, 1953.

[26] Crosson, P. R. Further Comment on Economic Base Theory [J]. Land Economics, 1960, 36: 197 - 201.

[27] Czepiel J A. Word – of – Mouth Processes in the Diffusion of a Major Technological Innovation [J]. Journal of Marketing Research, 1974, 11 (2): 172 – 180.

[28] Danon L, Díazguilera A, Duch J, et al. , Comparing Community Structure Identification [J], Journal of Statistical Mechanics, 2005, 9, 09008.

[29] Deming, W. Edwards, & Stephan, Frederick F. On a Least Squares Adjustment of a Sampled Frequency Table When the Expected Marginal Totals are Known. *The Annals of Mathematical Statistics*, 1940, 11 (4): 427 – 444.

[30] Dietzenbacher, E. and B. Los. Structural Decomposition Techniques: Sense and Sensitivity. *Economic Systems Research*, 1998, 10: 307 – 324.

[31] Domar E D. On the measurement of technological change [J]. The Economic Journal, 1961, 71 (284): 709 – 729.

[32] Erik Dietzenbacher, Bart Los, Robert Stehrer, Marcel Timmer & Gaaitzen de Vries. The Construction of World Input – Output Tables in the WIOD Project. *Economic Systems Research*, 2013, 25: 1, 71 – 98.

[33] Freeman L C, Borgatti S P, White D R. Centrality in valued graphs: A measure of betweenness based on network flow. [J]. Social Networks, 1991, 13 (2): 141 – 154.

[34] Freeman L C. A Set of Measures of Centrality Based on Betweenness [J], Sociometry, 1977, 40 (1), 35 – 41.

[35] Freeman L C. Centrality in Social Networks Conceptual Clarification [J], Social Networks, 1978, 1 (3): 215 – 239.

[36] Freeman L C. , Borgatti S P, White D R. , Centrality in Valued Graphs: A Measure of Betweenness Based on Network Flow [J], Social Net-

works, 1991, 13 (2): 141 - 154.

[37] Freeman L C. A Set of Measures of Centrality Based on Betweenness [J]. Sociometry, 1977, 40 (1): 35 - 41.

[38] Freeman L C. Centrality in social networks conceptual clarification [J]. Social Networks, 1978, 1 (3): 215 - 239.

[39] Friedlander, D. A Technique for Estimating a Contingency Table, Given the Marginal Totals and Some Supplementary Data. *Journal of the Royal Statistical Society*. Series A (General), 1961, 124 (3): 412 - 420.

[40] Garlaschelli D, Loffredo M I. , Fitness - dependent Topological Properties of the World Trade Web [J], Physical Review Letters, 2004, 93 (18), 188701.

[41] Garlaschelli D, Loffredo M I. , Structure and Evolution of the World Trade Network [J], Physica A Statistical Mechanics & Its Applications, 2005, 355 (1): 138 - 144.

[42] Gilchrist, D. A. , & St Louis, L. V. Completing input - output tables using partial information, with an application to Canadian data. *Economic Systems Research*, 1999, 11 (2): 185 - 194.

[43] Gilchrist, D. , & St. Louis, L. An algorithm for the consistent inclusion of partial information in the revision of input - output tables. *Economic Systems Research*, 2004, 16 (2): 149 - 156.

[44] Golan, Amos, Judge, George, & Robinson, Sherman. Recovering Information from Incomplete or Partial Multisectoral Economic Data. *The Review of Economics and Statistics*, 1994, 76 (3): 541 - 549.

[45] Guitton H, Rasmussen, P N. , Studies in Inter - Sectoral Relations [J], Economica, 1957, 8 (6): 15 - 17.

[46] Günlük - Senesen, G. and J. M. Bates (1988). Some Experiments with Methods of Adjusting Unbalanced Data Matrices. *Journal of the Royal Statistical Society*, Series A, 151: 473 - 490.

[47] Harthoorn, R. *On the Integrity of Data and Methods in the Static Open Leontief Model* (Enschede, University of Twente, Faculty of Public Administration and Public Policy, PhD Thesis). Chapter Ⅳ: On the Adjustment of Tables with Lagrange Multipliers, 1988: 225 - 251.

[48] Harthoorn, R., & van Dalen, J. *On the adjustment of tables with Lagrange multipliers.* CBS, 1987.

[49] He, Xiangdong, & Asada, Haruhiko. *A New Method for Identifying Orders of IO Models for Nonlinear Dynamic Systems.* Paper presented at the American Control Conference, 1993.

[50] Hong, H., Kim, B. J., Choi, M. Y., and Hyunggyu Park. Factors that predict better synchronizability on complex networks. *Physical Review E*, 2004, 69, 067105.

[51] Hulten C R. Growth accounting with intermediate inputs [J]. The Review of Economic Studies, 1978, 45 (3): 511 - 518.

[52] Israilevich, Philip R., Hewings, Geoffrey J. D., Sonis, Michael, & Schindler, Graham R. Forecasting Structural Change with a Regional Econometric IO Model. *Journal of Regional Science*, 1997, 37 (4): 565 - 590.

[53] Jackson, Randall, & Murray, Alan. Alternative IO Matrix Updating Formulations. *Economic Systems Research*, 2004, 16 (2): 135 - 148.

[54] Jones C I. Intermediate goods and weak links in the theory of economic development [J]. American Economic Journal: Macroeconomics, 2011, 3 (2): 1 - 28.

[55] Junius, Theo, & Oosterhaven, Jan. The Solution of Updating or Regionalizing a Matrix with both Positive and Negative Entries. *Economic Systems Research*, 2003, 15 (1): 87 -96.

[56] Khan, A. Q. Comparisons of Naive and RAS Methods of Updating Input - Output Tables: The Case of Pakistan. *Economic Systems Research*, 1993, 5 (1): 55 -61.

[57] Kuroda, M. *A Method of Estimation for the Updating Transaction Matrix in the Input - Output Relationships*. In: K. Uno and S. Shishido (eds.) Statistical Data Bank Systems. Socio - Economic database and model building in Japan. Amsterdam, North Holland, 1988: 43 -56.

[58] Lahr, M. L. A Strategy for Producing Hybrid Regional IO Tables. *IO Analysis: Frontiers and Extensions*. M. L. Lahr and E. Dietzenbacher. New York, Palgrave, 2001: 211 -242.

[59] Leavitt H J. Some effects of certain communication patterns on group performance. [J]. Journal of Abnormal Psychology, 1951, 46 (1): 38.

[60] Lecomber, J. A Critique of Methods of Adjusting, Updating and Projecting Matrices. In: R. Allen and W. Gossling (eds.) *Estimating and Projecting Input - Output Coefficients*. London, Input - Output Publishing Company, 1975: 43 -56.

[61] Leicht E A, Newman, M J P r l. , 2008, Community Structure in Directed Networks [J], Physical Review Letters, 2008, 100 (11): 316 -319.

[62] Lenzen M. (2006). Decomposition analysis and the mean - rate - of - change index. *Applied Energy*, 83 (3), 185 -198.

[63] Lenzen, M. , Gallego, B. , & Wood, R. Matrix balancing under con-

flicting information. *Economic Systems Research*, 2009, 21 (1): 23 -44.

[64] Lenzen, M. , Moran, D. D. , Geschke, A. , & Kanemoto, K. A non - sign - preserving RAS variant. *Economic Systems Research*, 2014, 26 (2): 197 -208.

[65] Lenzen, M. , Moran, D. , Kanemoto, K. , & Geschke, A. Building EORA: A global multi - region input - output database at high country and sector resolution. *Economic Systems Research*, 2013, 25 (1): 20 -49.

[66] Lenzen, M. , Pinto de Moura, M. C. , Geschke, A. , Kanemoto, K. , & Moran, D. D. A Cycling Method for Constructing IO Table Time Series from Incomplete Data. *Economic Systems Research*, 2012, 24 (4): 413 -432.

[67] Lenzen, M. , Wood, R. , & Gallego, B. RAS matrix balancing under conflicting information. In *Intermediate Input – Output Meetings*, 2006.

[68] Lenzen, Manfred, Wood, Richard, & Gallego, Blanca. Some comments on the GRAS method. *Economic Systems Research*, 2007, 19 (4): 461 - 465.

[69] Leontief W W. , 1936, Quantitative Input and Output Relations in the Economic Systems of the United States [J], The Review of Economics and Statistics, 18 (3), 105 -125.

[70] Leontief W W. , The Structure of American Economy, 1919 - 39 [M], Oxford Univ Pr; 2Rev Ed edition, 1941.

[71] Leontief W W. structure of American economy, 1919 - 1929 [J]. 1941.

[72] Leontief, W. The Structure of Development. *Scientific American*, 1963, 209: 148 -166.

[73] Leontief, Wassily W. Quantitative Input and Output Relations in the

Economic Systems of the United States. *The Review of Economics and Statistics*, 1936, 18 (3): 105 - 125.

[74] Lindner, Sören, Legault, Julien, & Guan, Dabo. (2012). Disaggregating IO Models with Incomplete Information. *Economic Systems Research*, 2012, 24 (4): 329 - 347.

[75] Matuszewski, T. I., Pitts, P. R., & Sawyer, John A. *Linear Programming Estimates of Changes in Input Coefficients.* The Canadian Journal of Economics and Political Science / Revue canadienne d'Economique et de Science politique, 1964, 30 (2): 203 - 210.

[76] McNerney J, Fath B D, Silverberg G. Network structure of inter - industry flows [J]. Physica A: Statistical Mechanics and its Applications, 2013, 392 (24): 6427 - 6441.

[77] Morillas A, Robles L, Díaz B. Grading the IO Coefficients Importance. A Fuzzy Approach [J]. Intermediate Input, 2008.

[78] Morillas A, Robles, L, Diaz, B., IO Coefficients Importance: A Fuzzy Logic Approach [J], International Journal of Uncertainty, Fuzziness and Knowledge - Based Systems, 2011, 19 (6): 1013 - 1031.

[79] Mueller, M., & Domínguez, I. P. (2008). Compilation of Social Accounting Matrices with a Detailed Representation of the Agricultural Sector (AgroSAM). In 11*th Annual Conference on Global Economic Analysis*, Helsinki, Finland, 2008.

[80] Newman M E J, Girvan M. Mixing Patterns and Community Structure in Networks [J]. 2003, 625 (2): 66 - 87.

[81] Newman M E J. A measure of betweenness centrality based on random walks [J]. Social Networks, 2003, 27 (1): 39 - 54.

[82] Newman M E. Fast algorithm for detecting community structure in networks. [J]. Phys Rev E Stat Nonlin Soft Matter Phys, 2004, 69 (6 Pt 2): 066133.

[83] Oosterhaven, J. GRAS versus minimizing absolute and squared differences: a comment. *Economic Systems Research*, 2005, 17 (3): 327 – 331.

[84] Park S H, Chan K S. A cross – country input – output analysis of intersectoral relationships between manufacturing and services and their employment implications [J]. World Development, 1989, 17 (2): 199 – 212.

[85] Pavia, Jose Manuel, Cabrer, Bernardi, & Sala, Ramon. Updating input – output matrices: assessing alternatives through simulation. *Journal of Statistical Computation and Simulation*, 2009, 79 (12): 1467 – 1482.

[86] Rasmussen P N. Studies in inter – sectoral relations [J]. Economica, 1957, 8 (6).

[87] Richardson, H. W. Input – output and Economic Base Multipliers: Looking Backward and Forward [J]. *Journal of Regional Science*, 1985, 25: 607 – 661.

[88] Slater P B. The determination of groups of functionally integrated industries in the United States using a 1967 interindustry flow table [J]. Empirical Economics, 1977, 2 (2): 1 – 9.

[89] Slater, The Determination of Groups of Functionally Integrated Industries in the United States Using a 1967 Interindustry Flow Table [J], Empirical Economics, 1977, 2 (2): 1 – 9.

[90] Smith, S. L. Communication Pattern and the Adaptability of Task – oriented Groups: an Experimental Study. Cambridge, MA: Group Networks Laboratory, Research Laboratory of Electronics. Massachusetts Institute of Technol-

ogy, 1950.

[91] Sonis M, Guilhoto J J M, Hewings G J D, et al. , Linkages, Key Sectors, and Structural Change: Some New Perspectives [J], Developing Economies, 1995, 33 (3): 243 -246.

[92] Sonis, Michael, & Hewings, Geoffrey J. D. Coefficient Change in Input - Output Models: Theory and Applications. *Economic Systems Research*, 1992, 4 (2): 143 -158.

[93] Srivastav N, Dynamics of Inter - Industrial Linkages in the Economy of Uttar Pradesh [J], The IUP Journal of Managerial Economics, 2006, 0 (2): 7 -13.

[94] Srivastav N. Dynamics of Inter - Industrial Linkages in the Economy of Uttar Pradesh [J]. Iup Journal of Managerial Economics, 2006, iv (2): 7 - 13.

[95] Stone R. A Computable Model of Economic Growth [J]. *Problems of Economic Transition*, 1964, 29 (2): 3 -13.

[96] Stone, R. *Input - output and national accounts.* Paris: Organization for European Economic Cooperation, 1961.

[97] Stone, R. A. and A. Brown. *A Computable Model of Economic Growth, A Programme for Growth.* London, Chapman and Hall, 1962.

[98] Su B, Ang B W. Structural decomposition analysis applied to energy and emissions: some methodological developments. *Energy Economics*, 2012, 34 (1), 177 -188.

[99] Tayman J, Swanson D A. On the validity of MAPE as a measure of population forecast accuracy. *Population Research and Policy Review*, 1999, 18 (4): 299 -322.

[100] Temurshoev, U., Miller, R. E., & Bouwmeester, M. C. A note on the GRAS method. *Economic Systems Research*, (ahead - of - print), 2013: 1 -7.

[101] Temurshoev, U., Webb, C., & Yamano, N. Projection of Supply and Use tables: methods and their empirical assessment. *Economic Systems Research*, 2011, 23 (1): 91 -123.

[102] Theil, H. *Applied Economic Forecasting. Amsterdam.* North - Holland, 1971.

[103] Tohmo, T. New Developments in the Use of Location Quotients to Estimate Regional Input - Output Coefficients and Multipliers [J]. *Regional Studies*, 2004, 38: 43 -54.

[104] Tukker, A., de Koning, A., Wood, R., Hawkins, T., Lutter, S., Acosta, J & Kuenen, J. Exiopol - Development and Illustrative Analyses of a Detailed Global MR EE SUT/IOT. *Economic Systems Research*, 2013, 25 (1): 50 -70.

[105] Wang Huiwen, Wang Cheng, Zheng Haitao, Feng Haoyun, and Long Wen. (2013). Matrix Transformation Technique based Forecast Modeling of Input - Output Table. *59th ISI World Statistics Congress*, 2013.08.25 -2013.08.30.

[106] Wang Huiwen, Wang Cheng, Zheng Haitao, Feng Haoyun, Guan Rong, and Long Wen. Matrix Transformation Technique Based Forecast Modeling of Input - Output Tables. *Economic System Research*, accepted for publication, 2015.

[107] Wang, H., Liu, Q., Mok, H. M. K., Fu, L., Tse, W. M. A Hyperspherical Transformation Forecasting Model for Compositional Data. *European Journal of Operational Research*, 2007, 179: 459 -468.

[108] Weiss R S, Jacobson E. A method for the analysis of the structure of complex organizations [J]. American Sociological Review, 1955, 20 (6): 661 -668.

[109] White D R, Borgatti S P. Betweenness centrality measures for directed graphs [J]. Social Networks, 1994, 16 (4): 335 -346.

[110] Wilcoxen, P. J. *Kuroda's Method for Constructing Consistent Input - Output Data Sets.* Impact Research Centre, University of Melbourne, 1989.

[111] Wood, R. and M. Lenzen. Zero - Value Problems of the Logarithmic Mean Divisia Index Decomposition Method. *Energy Policy*, 2006, 34: 1326 -1331.

[112] Wood, Richard. Construction, Stability and Predictability of an IO Time - Series for Australia. *Economic Systems Research*, 2011, 23 (2): 175 - 211.

[113] Zheng H, Fang Q, Wang C, Jiang Y, Ren R, Updating China's Input - Output Tables Series Using MTT Method and Its Comparison [J], Economic Modelling, 2018, 74 (8): 186 -193.

[114] Zhou, C. S. , Motter, A. E. , and Kurths, J. Universality in the synchronization of weighted random networks. *Physics Review Letters*, 2006, 96, 034101.

[115] 陈锡康，王戈丰，张启江．偏差法—投入产出表平衡调整的新方法．统计研究，1988 (2): 41 -43.

[116] 范金，万兴，胡汉辉．添加保零约束对改进投入产出表更新方法的比较研究 [J]. 预测，2008 (02): 55 -61.

[117] 范金，万兴．投入产出表和社会核算矩阵更新研究评述 [J]. 数量经济技术经济研究，2007 (05): 151 -160.

［118］方爱丽、高齐圣、张嗣瀛．产业网络的聚集性和相关性分析［J］．系统工程理论与实践，2009（06）．

［119］国家信息中心．中国区域间投入产出表［M］．北京：社会科学文献出版社，2005.

［120］何继票，邱琼．中国投入产出核算的缺陷及其改进路径［J］．经济理论与经济管理，2011（06）：29－37.

［121］胡兆光，谭显东．直接消耗系数的组合更新法研究［J］．统计研究，2008（3）：71－74.

［122］李宝瑜，张靖．GDP 核算口径下投入产出表调整与预测方法研究［J］．数量经济技术经济研究，2012（11）：149－160.

［123］李斌，刘丽君．序列投入产出表的研究［J］．北京理工大学学报，2002（02）：258－261.

［124］李景华．用 RAS 方法修订投入产出表第Ⅲ象限系数［J］．统计与决策，2003（08）：6.

［125］李茂．中国产业关联网络的拓扑特征演变［J］．技术经济，2016（7）．

［126］李善同．2002 年中国地区扩展投入产出表：编制与应用．北京：经济科学出版社．

［127］李晓佳，张鹏，狄增如，樊瑛．复杂网络中的社团结构［J］．复杂系统与复杂性科学，2008（03）．

［128］李晓琴．投入产出可比序列表构建及行业趋势与波动研究［D/OL］．北京：北京航空航天大学，2010.

［129］刘刚，郭敏．中国宏观经济多部门网络及其性质的实证研究［J］．经济问题，2009（02）．

［130］刘纪显，伊亨云．投入产出分析的 RAS 方法的加权修正和推

广——RTALS 方法及其数学模型 [J]. 重庆大学学报（自然科学版），1996（04）：49－52.

[131] 刘晋霞，曾建潮，薛耀文. 复杂网络强社团结构探测 [J]. 小型微型计算机系统，2011（04）.

[132] 刘起运，彭志龙. 中国 1992—2005 年可比价投入产出序列表及分析 [M]. 北京：中国统计出版社，2010.

[133] 刘卫东，陈杰，唐志鹏，刘红光，韩丹，等. 中国 2007 年 30 省区市区域间投入产出表编制理论与实践 [M]. 北京：中国统计出版社，2012.

[134] 刘卫东，唐志鹏，陈杰，杨波. 2010 年中国 30 省区市区域间投入产出表 [M]. 北京：中国统计出版社，2015.

[135] 刘亚冰. 复杂网络中的社团结构特性研究 [D/OL]. 上海：上海交通大学，2010.

[136] 龙文. 带约束条件的数据表分析预测方法及应用研究 [D/OL]. 北京：北京航空航天大学，2007.

[137] 吕盛鸽. 投入产出表流量数据线性结构研究 [J]. 杭州电子科技大学学报（社会科学版），2006（2）：92－98.

[138] 马东，黎平，杨友宁. G7 与 BRIC 产业结构网络演进特征研究 [J]. 管理世界，2014（08）.

[139] 马向前，任若恩. 中国投入产出序列表外推方法研究 [J]. 统计研究，2004（4）：31－34.

[140] 马向前. 中国投入产出序列表与增长核算方法的理论及应用研究 [D/OL]. 北京：北京航空航天大学，2004.

[141] 潘文卿. 中国国家价值链：区域关联特征与增加值收益变化 [J]. 统计研究，2018（06）.

[142] 庞垠. 复杂网络社团结构探测方法及社团内节点层次关系研究 [D/OL]. 北京：北京理工大学，2015.

[143] 任若恩，岳希明，郑海涛. 中国全要素生产率的行业分析与国际比较 [M]. 北京：科学出版社，2013.

[144] 史耀远. 中国经济结构变化的投入产出分析 [J]. 系统工程理论与实践，1999 (10)：74 –76.

[145] 孙启明，王浩宇. 基于复杂网络的京津冀产业关联对比 [J]. 经济管理，2016 (4) .

[146] 谭显东，胡兆光. 投入产出表外推及主导产业研究 [J]. 华北电力大学学报 (自然科学版)，2008 (3)：84 –89.

[147] 唐小我. RAS 方法的改进算法 [J]. 电子科技大学学报，1992 (01)：98 –103.

[148] 王惠文，孟洁. 变量筛选、模型分类及自动化建模方法 [M]. 北京：科学出版社，2013.

[149] 王思强，关忠良，田志勇. 基于 Excel 表的 RAS 方法在投入产出表调整中的应用 [J]. 生产力研究，2009 (09)：13 –14，19.

[150] 王韬，马成，林聪. SAM 平衡的 SG – RAS 与 SG – CE 方法 [J]. 统计研究，2012 (12)：88 –95.

[151] 王韬，马成，叶文奇. 投入产出表、社会核算矩阵的更新方法研究 [J]. 数量经济技术经济研究，2011 (11)：112 –123，137.

[152] 王韬，马成，朱跃序. 经济核算类矩阵调整的 JSD 方法及扩展研究 [J]. 数量经济技术经济研究，2013 (02)：111 –125.

[153] 王妍，张子野. 基于 RAS 方法的投入产出调平系统的设计与应用 [J]. 统计教育，2008 (11)：16 –20.

[154] 王勇. 中国投入产出核算：回顾与展望 [J]. 统计研究，

2012（08）：65－73.

［155］王宇鹏，许健，吴灿．中国投入产出表直接消耗系数变动研究［J］．统计研究，2010（7）：73－77.

［156］肖丽丽，毛加强，陈洪根．区域产业系统的结构模型及其应用研究［J］．产业经济研究，2008（1）．

［157］许健，肖丽．RAS 法真实误差的实证研究［J］．数学的实践与认识，2008（15）：102－108.

［158］许健．RAS 方法可靠程度的实证分析［J］．数学的实践与认识，2002（01）：20－26.

［159］张靖．中国投入产出核算矩阵的编制与应用研究［D/OL］．太原：山西财经大学，2013.

［160］张亚雄，齐舒畅．2002、2007 年中国区域间投入产出表［M］．北京：中国统计出版社，2012.

［161］周志光，石晨，胡淼鑫．VisIOT：经济产业结构关联可视分析［J］．统计研究，2019（11）．